Argentinisch kochen

W0074523

Martha B. Muti De Malazzo

◆

Argentinisch kochen

Gerichte und ihre Geschichte

◆

Aus dem Spanischen übersetzt, überarbeitet
und mit einer Einführung von Inka Marter

Verlag Die Werkstatt · Edition d i á

Die Autorin

Martha B. Muti De Malazzo wurde 1939 in Buenos Aires geboren und lebt seit 1981 in Mexiko. Mit ihrer Familie betreibt sie dort mehrere Restaurants mit traditioneller argentinischer Küche und eine Fabrik für argentinische Nahrungsmittel.

Die Originalausgabe erschien unter dem Titel »La Cocina Argentina« bei Editorial Everest, León

Bibliografische Information der Deutschen Nationalbibliothek
Die Deutsche Nationalbibliothek verzeichnet diese Publikation in der Deutschen Nationalbibliografie; detaillierte bibliografische Daten sind im Internet über http://dnb.d-nb.de abrufbar.

© 2010 Verlag Die Werkstatt GmbH
Lotzestraße 22a, D-37083 Göttingen
www.werkstatt-verlag.de
Dieses Buch erscheint in der Reihe
»Gerichte und ihre Geschichte«
der Edition diá (www.editiondia.de)
Alle Rechte vorbehalten

Fotos S. 11, 32, 37: Fotolia
Übrige Fotos aus der Originalausgabe (Adrián Burns)

Satz und Gestaltung: Verlag Die Werkstatt, Göttingen
Druck und Bindung: Westermann Druck Zwickau

ISBN 978-3-89533-729-1

INHALT

Argentinien lädt ein ...

Nach den Worten George Bernard Shaws sind England und die Vereinigten Staaten von Amerika zwei Länder, die durch die gleiche Sprache getrennt sind. Genau so eine Gemeinsamkeit trennt Spanien vom halben amerikanischen Kontinent, und eine solche Grenze gibt es auch zwischen den hispanoamerikanischen Ländern. Vielleicht ist das so, weil die Geschichte des von Spanien kolonisierten Amerika in den Büchern nichts als eine Liste von Daten, Namen von Regierenden und Schlachten ist, nicht aber von Bräuchen, Liebesgeschichten oder Nahrungsmitteln. Natürlich waren und sind da viele Barrieren. Es gibt Bevölkerungsgruppen, die sind so unterschiedlich wie die Klimata und die geografischen Gegebenheiten. Auf den 3,5 Millionen Quadratkilometern Argentiniens gelangt man zum Beispiel von den Tropen bis fast in die Antarktis. Allerdings lebt die Hälfte der Bevölkerung innerhalb der Hauptstadt und ihrer gleichnamigen, 500.000 Quadratkilometer großen Provinz.

BRÄUCHE UND LIEBESGESCHICHTEN

Als Cortés in Amerika an Land ging, bevölkerten die Azteken – ihre Sprache ist das Nahuatl – schon seit anderthalb Jahrhunderten das Tal von Mexiko: Die Spanier störten ihre Expansion. Und als Pizarro in Lima ankam, hatte der Inka, »Herrscher« auf Quechua, von seinem Heimatland Peru aus den größten Teil der umliegenden Länder erobert und sein Herrschaftsgebiet und den Bereich, in dem Quechua gesprochen wurde, beachtlich ausgedehnt. Es gab natürlich auch Kulturen, die zuerst den Inkas und dann den Spaniern Widerstand boten: die Nomaden in den zentralen und südlichen Regionen Argentiniens, die nach der Kolonisierung der sesshaften Völker noch mehr als drei Jahrhunderte überlebten. Erst gegen 1880 vernichtete die argentinische

Regierung die bewaffneten Gruppen der Indianer der Pampa und Patagoniens. Die Überlebenden integrierten sich eher schlecht als recht am Rande der Gesellschaft. An diesem Rand überleben noch immer ihre Worte, in den einheimischen und mestizischen Sprachen.

Neben diesem soziologischen Aspekt gibt es nämlich auch einen linguistischen: Der entsteht nicht nur aus dem Zusammenstoß einer aus dem Vulgärlatein entstandenen europäischen Sprache mit fremden, aber sehr verbreiteten Sprachen wie dem Nahuatl, dem Quechua oder dem Taíno, sondern auch und vor allem, weil die Konquistadoren sich einer Sprache bedienten, die für die Konquista geschaffen worden war. Der spanische Humanist und Philologe Antonio de Nebrija schrieb das Kastilische 1492 fest, damit das militarisierte spanische Königshaus, nachdem es Spanien von den Mauren zurückerobert hatte, die halbe Welt erobern solle. »Die Sprache«, so widmet Nebrija seine Grammatik der Königin Isabella, »geht immer an der Seite der Macht.«

NAHUATL, QUECHUA
ODER TAÍNO

Trotzdem stießen die Worte des Besiegten nicht auf taube Ohren, und der Eindringling ließ sich auch auf das Abenteuer ein, unbekannte Nahrungsmittel zu probieren. Stellen Sie sich ein Terrakottagefäß mit einer undurchsichtigen schwarzen Flüssigkeit vor: Wer die heiße *xocolatl*, scharf und bitter, versucht, spürt im Nachgeschmack die heftig brennende Würze der noch unbekannten Chilischote. Im 16. Jahrhundert weiß man in Spanien noch nicht, dass ein Sprichwort einmal lauten wird: »Die Rechnungen klar und die Schokolade dickflüssig«.

Die europäischen Hungersnöte kennen die Kartoffel noch nicht, die sie vernichten wird, in den Eintöpfen finden sich noch keine Bohnen, die Füllung der Paprika hat noch kein Behältnis und wartet darauf – leider kann sie nicht rauchen, um sich die Zeit zu verkür-

zen –, während der Gazpacho die Tomate vermisst und auch noch niemand rot wurde wie eine solche. In dem Moment, in dem jener Mann das Trinkgefäß an die Lippen führt, gehen Höflichkeit und Mut zusammen.

Dunkler als die schwärzeste Schokolade ist die *leyenda negra*, die schwarze Legende über die Untaten Spaniens, und im Gegensatz zu dem, was diese behauptet, hat Spanien die einheimischen Sprachen nicht vollkommen ausgerottet. Neben den Chronisten gab es zum Beispiel Jesuiten, die das Quechua weiterverbreiteten, um die Missionierung zu vereinfachen. Natürlich kam das Spanische auch zu den Ureinwohnern und vermischte sich, besonders zur Essenszeit, mit den einheimischen Sprachen. Obwohl damals die beiden Worte des Nahuatl, *xocolatl* und *tomatl*, kaum durch den Sprung über den Großen Teich verändert wurden, weiß ein Madrider heute nicht, dass man einen kleinen Kürbis, in Spanien als *calabacín redondo* bekannt, im argentinischen Buenos Aires, wie übrigens auch im galizischen Santiago de Compostela, *zapallito* nennt. Die Zucchini, die in Madrid *calabacín largo* heißen, heißen in Buenos Aires jedoch auch *zucchini*, denn der Gemüsehändler, der sie verkauft hat, war ein Italiener. *Papa* ist das Quechua-Wort für die in der westlichen Welt beliebteste Knolle, die Kartoffel, und auch in Andalusien wird sie so genannt. Das spanische Wort *patata* resultiert aus einem Missverständnis, einer defizienten Übertragung, die sich im Laufe der Zeit durchsetzte.

EIN GERICHT IST ARGENTINISCH,
WEIL ES AUSLÄNDISCH IST

Es ist bekannt, dass die Peruaner von den Inkas abstammen, die Mexikaner von den Azteken und die Argentinier von den Schiffen. Während es in Peru 90 unterschiedliche Kartoffel- und Maissorten gab, um den Eindringling zu bewirten, und Mexiko den Neuankömmling mit Tomaten, Schokolade und der Familie der Kürbisse überraschte, waren die Indianer der Pampa so mittellos, dass die erste Gründung von Buenos Aires in einem Konquistadorenragout endete.

Schon das mozarabische Spanien hatte die persischen Nahrungsmittel und Gewürze nach Europa gebracht, Auberginen oder das *escabeche*, den Brauch, Fleisch, Fisch

oder Gemüse in einer Essigmarinade einzulegen. Isabellas Spanien aber formte das Ernährungsprofil des heutigen Europa, mit Tomaten, Paprika, Schokolade, grünen und weißen Bohnen, Mais und Kartoffeln.

Aber auch in der Neuen Welt hatte es Veränderungen gegeben: Die traditionell wichtigsten Exportgüter Argentiniens, Weizen und Rindfleisch, kamen ursprünglich aus Europa, wie auch die Milchprodukte, die heute eine Basis der Ernährung bilden.

Der äußerste Süden (Latein-)Amerikas war zunächst von Nomaden bevölkert, die selbst keine Landwirtschaft betrieben. Dank der verschiedenen Wellen von Immigranten, aus denen auch die kulturelle und kulinarische Identität des Landes erwuchs, wurde Argentinien zu einem großen Rindfleisch- und Weizenexporteur.

Am Anfang war da eine spanisch inspirierte Genügsamkeit, die nur von der pantagruelischen Fleischfresserei gestört wurde. Dann kam, mit den großen Landgütern, die feine englische Art und schließlich der französische Einfluss. Ab dem 20. Jahrhundert wurde die Ernährung kosmopolitisch und hatte ihr Zentrum in Buenos Aires, wie auch alles andere in Argentinien, mit nur einer Ausnahme: Die Migranten aus den ländlichen Gegenden, die den Brauch des Grillens mitbrachten, warfen die Schmorgerichte der Immigranten aus der Hauptstadt wieder hinaus.

KOSMOPOLITISCH IN BUENOS AIRES

Und das beste Rezept des argentinischen Küchenchefs geht so: kneten, zweimal durch die Luft werfen, flach auf den Marmor der Arbeitsplatte drücken und entweder mit Tomaten und Käse belegen und im Ofen backen – oder durch die Maschine drehen und grobe oder feine Streifen daraus machen. Damit haben wir zwei allgegenwärtige Elemente der zeitgenössischen argentinischen Ernährung: Pizza (Seite 120) und Pasta (Seite 176).

Was gibt es ausser Grill und Pizza?

In ihrem Buch über die kreolische Küche unterscheiden Beatriz Espinosa und Juan Carlos Martelli eine Küche der zentralen Region (das beinahe mythische Grillen des Fleisches mit seiner Haut; sauer Eingelegtes und »Hungertöter« [Seite 162]; *Dulce de leche* [Seite 207]), eine Küche des Südens (mit Seespinne [Seite 168], Forellen [Seite 164], Hirsch [Seite 156] und Wildschwein [Seite 160], »Lamm am Kreuz«, Kürbismarmelade und Walisischer Torte [Seite 193]) und des Nordostens (Maniokmehl, Maiseintopf [Seite 66], *Chipá* [Maniok-Käse-Fladen, Seite 60], Wels und andere Fische). Die Bewohner von Buenos Aires, immerhin die Hälfte der argentinischen Einwohner, kennen viele der Gerichte der anderen Provinzen nicht, wie *Charquicán* (geschmortes Dörrfleisch, Seite 140), *Chipá*, *Quesú* (Reis mit Käse), *Leche planchada* (einen Pudding mit Karamellstreifen), *Fariña* (Maniokmehl), *Chipá guazú* (Mais-Käse-Auflauf, Seite 171), *Patasca* (Eintopf mit Rindfleisch, Seite 141) und *Humitas* (Maispäckchen, Seite 68).

Die starke Vorliebe für saure Speisen, die die Kreolen hatten, verliert sich langsam. Man aß sauer eingelegtes Fleisch und Gemüse, es gab einen hohen Konsum an Pickles, eine Sauce wie das *Chimichurri* (Seite 131), Getränke auf der Basis von Zitronen oder sauren Orangen und eine weitere Besonderheit, die *Vinagrada*, eine Erfrischung aus gesüßtem Essigwasser.

Wir haben also auf der einen Seite die Reste einer präkolumbianischen Küche und ihre Vermischung mit spanischen Gerichten, auf der anderen Seite ein Durcheinander von italienischen, spanischen, französischen und russischen Einflüssen. Trotz all dieser Einflüsse sind in Buenos Aires die Hauptgerichte immer das überdimensionierte Steak mit Kopfsalat, bitteren Salaten (etwa

Endivie) oder Salaten aus rohen Zwiebeln und Tomaten, und die *Milanesa*, ein paniertes Schnitzel vom Rind mit Pommes frites (oder mit *Papas soufflée*, zweimal frittierten und aufgeblähten Kartoffelscheiben, die in der Hauptstadt sehr verbreitet sind).

Sollte man die Einwohner von Buenos Aires bitten, die Wahl des Gerichts ihres Lebens zu treffen, dann würden alle im Chor bestellen: Steak mit Pommes und Spiegelei.

Trotzdem wird die Pasta den alltäglichen Essgewohnheiten doch eher gerecht – mit unendlich vielen Farben und Füllungen in den Schaufenstern Tausender Geschäfte und auf den Speisekarten der Restaurants. Im Einklang damit gibt es Pizza, Erbe der Immigranten, in zwei Variationen: mit hohem und lockerem Brotteig oder aus dem Steinofen, dünn und knusprig. Man isst sie in den unendlich vielen Pizzerien und vor allem auch an der Bar in kleinen Portionen, sie haben hier die Rolle der

spanischen Tapas übernommen. Manchmal werden sie mit einem dünnen, dreieckigen Stück *Fainá* (Seite 170) bedeckt, einem Fladen aus Kichererbsenmehl, ähnlich der genuesischen *farinata* und der *socca* aus Nizza.

Es wird wenig Fisch gegessen, außer Meeresfrüchte und Weichtiere, die meist tiefgekühlt für asturische, galizische, katalanische, baskische und italienische Eintöpfe verwendet werden. Das ist sonderbar, wenn man an die endlose Atlantikküste und die vielen Flussfische denkt, etwa den schmackhaften *pejerrey*. Aber die Soziologie liefert eine Erklärung: Es war für die mehrheitlich spanischen und italienischen Immigranten wichtig, edle Fleischstücke zu essen, das galt als Teil des Triumphs, es nach Amerika geschafft zu haben. Im Europa, aus dem sie vor den Hungersnöten fliehen mussten, war gerade Fleisch nur für die Reichen bestimmt. Inzwischen verändert sich diese Einstellung, vor allem in Buenos Aires, dem Spiegel der Moden der westlichen Welt.

In den Gärten Argentiniens wachsen viele Früchte, und es werden Konfitüren aller Arten angeboten, darunter Variationen, die von Schweizern, Deutschen und im Süden lebenden Walisern eingeführt wurden, oder auch einheimische Kreationen, wie das *Dulce de calabaza* (Seite 195), das dem Quittenbrot ähnelt, aber aus Kürbissen hergestellt wird, oder Cremes aus Quitten und Süßkartoffeln. Am Ende jedoch ist die Milchkaramellcreme *Dulce de leche* (Seite 207) der beliebteste süße Brotaufstrich.

QUITTEN UND
SÜSSKARTOFFELN

In diesem Buch werden auch Rezepte für Empanadas (Seite 91) vorgestellt, ein typisch kreolisches Gericht, das mit Sicherheit hebräischen oder arabischen Ursprungs ist. Der Valencianer Juan Luis Vives erinnert in seiner *Exertitio linguae latina* daran, dass die Empanadas die kleinen Kuchen der sephardischen Jüdinnen wären. Ein argentinisches Rezeptbuch könnte auch die offenen oder

geschlossenen *sfijas* mit aufnehmen, kleine libanesische Teigtaschen. Die starke syrische und libanesische Einwanderung hat Gerichte, Mezze (arabische Vorspeisen), arabische Restaurants, Bauchtanz und sogar den Präsidenten Menem mitgebracht, der Allah für Christus eintauschte, um den Posten übernehmen zu können.

Man findet auch Rezepte, die ausländisch wirken, weil sie so einfach sind. Der Chicoréesalat (Seite 82) wirkt, als wäre er einem belgischen Kochbuch entsprungen. Darüber braucht man nicht zu diskutieren. Die Rezepte sind typisch argentinisch, weil sich sowohl Provenzalisches, Neapolitanisches, Elsässisches, Mexikanisches, Katalanisches, Andalusisches, Chilenisches und Asturisches findet.

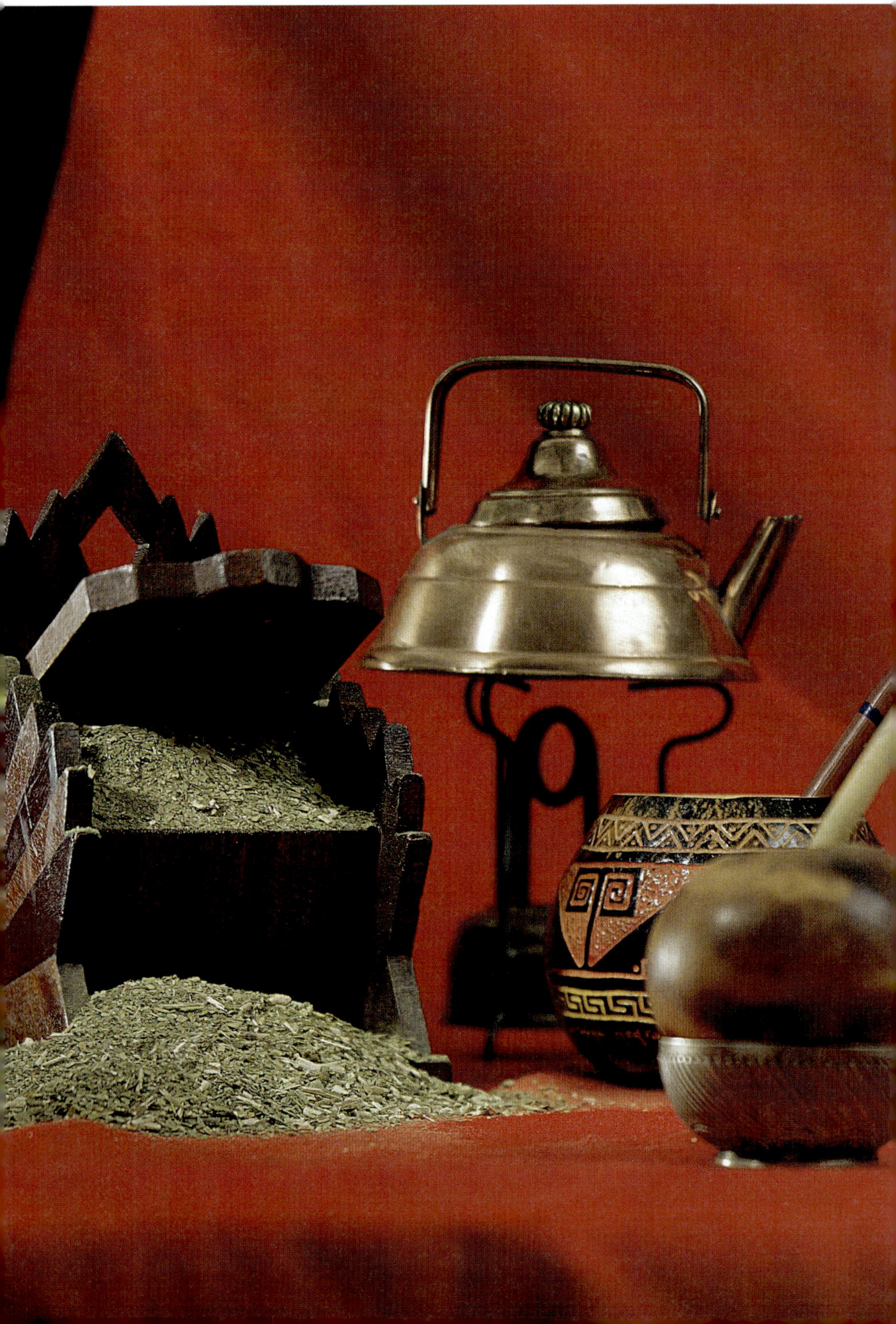

Und warum sollte das ein Problem sein. Die Gänse für die französische *foie gras* werden heute mit amerikanischem Mais gestopft. Vor anderthalb Jahrhunderten wurde das nur von den in Metz lebenden Juden gemacht, Nachfahren derer, die aus Spanien ausgewiesen worden waren und bei denen es als typisches Gericht galt. Auch die Madrider Kartoffel-Tortilla würde ohne Francisco Pizarro nicht existieren, der Gazpacho nicht ohne Cortés.

Die Gastronomie fängt mit dem Hunger und der Suche nach Lebensmitteln an. »Heute ist kein Brocken mehr übrig, den ich mir in den Mund stecken könnte. Alles wurde weggenommen, ausgerissen, klein gemahlen: zuerst die mageren Rationen«, beschreibt Manuel Mujica Láinez in einer der Erzählungen aus *Misteriosa Buenos Aires*, »dann das vergammelte Mehl, die ekelhaften Ungeziefer, die gekochten Stiefel, an deren Leder sie verzweifelt lutschten. […] Der Hunger vernebelt sein Gehirn und lässt ihn delirieren. Der Hunger! Der Hunger! Ach! Die Zähne in ein Stück Fleisch schlagen …« Und die Argentinier schlugen ihre Zähne in ein Stück Fleisch. Nur später. Denn diese Hungernden waren Spanier, Kannibalen und 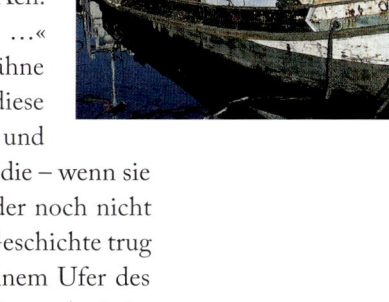 Nahrung zugleich, Eroberte und Eroberer, die – wenn sie nicht auf dem Grill landeten – den Ort, der noch nicht Buenos Aires hieß, wieder verließen. Die Geschichte trug sich 1516 zu, als Juan Díaz de Solís an einem Ufer des süßen Meeres (des Río de la Plata, der hier so breit ist wie das Meer) auf der Suche nach einem Durchgang vom Atlantik zum Pazifik an Land ging. Er hatte sich einen schlechten Hafen ausgesucht: Dort lebten die einzigen Kannibalen des gesamten Flussdeltas, die meisten der Spanier endeten als zerkauter Brei.

Wie in dem Tango *Volver*, der Jahrhunderte später verkünden würde, dass 20 Jahre wie im Flug vergehen, kehren die Spanier 20 Jahre später zurück, diesmal von Pedro de Mendoza angeführt. Der Pionier Ulrich Schmidl beschreibt als Chronist der ersten Gründung von Buenos Aires jene primitiven Bauten, die nur von einem Erdwall umgeben waren, und erzählt den Gründungsakt der argentinischen Gastronomie: Die Spanier wurden von den Querandíes belagert, und diese schickten einen Regen brennender Pfeile. Daraufhin sprangen 15 bis 20 Kühe über die Mauer und verloren sich in dem, was noch niemand Pampa nannte.

Am 11. Juni 1580 gründete schließlich der Baske Juan de Garay zum zweiten Mal die Stadt »Santa María del Buen Ayre«, Heilige Maria der guten Luft. Natürlich ist die Luft dort so schlecht wie an jedem anderen Hafen der Welt. Kein Sancho del Campo atmete tief

SANTA MARÍA DEL
BUEN AYRE

ein und rief aus: »Was für gute Luft!«, wie eine hartnäckige Legende behauptet. Die Gründer stellten die Stadt nur unter die Schirmherrschaft der Schutzheiligen der Seefahrer in Sevilla, deren Anbetung aber auf die »Madonna di Bonaria«, des guten Windes, aus dem sizilianischen Cagliari zurückgeht. Vielleicht war das ein Zeichen für die Stadt, die aufgrund der massiven Migration schließlich mehr italienisch als spanisch war. In der Zwischenzeit hatten die geflohenen Kühe Kälber bekommen, aus denen Stiere wurden, die wieder Kälber zeugten, und so fort. Zwei Jahrhunderte nachdem die ersten Rinder über die Mauer gesprungen waren, schreibt José M. Mariluz Urquijo *(El virreinato del Río de la Plata en la época del Marqués Avilés, 1799—1801)*, dass »das Fleisch die Basis für die Ernährung von Armen und Reichen bildet, das ganze Jahr über«. Der Stein der Weisen der argentinischen Gastronomie war gefunden.

In Argentinien existieren zwei Weltanschauungen: Die *parrilla*, der Grillrost mit der horizontalen Anordnung des Fleisches über dem Feuer, und der *asado*: Das Fleisch wird vertikal zum Feuer aus größerer Distanz gegrillt und dabei so zart, dass man es, ähnlich dem marokkanischen *méchoui*, mit dem Löffel schneiden kann. Eines der argentinischen Rezepte, die diesem Prinzip entsprechen, heißt »am Kreuz«, das heißt, das Tier wird an zwei Metallstäben wie gekreuzigt festgebunden und nach der Regel »7 zu 7« zubereitet. Zwischen Fleisch und Feuer sollen sieben

Meter Abstand bleiben, und es wird sieben Stunden lang gegart. »Nur die Argentinier schaffen es, das Fleisch auf schmackhafte Weise gut durchzugaren. Damit meine ich das Rindfleisch. Die Regeln für das Grillen«, schreibt Xavier Domingo in *Cambio 16*, »sind zwar einfach, aber sie existieren. Und es gibt da ein geheimnisumwobenes Detail, das von weit her kommt und von Argentinier zu Argentinier weitergegeben wird. […] Es ist genauso wichtig wie die Qualität des Fleisches und der Zuschnitt des Stückes, der auch viel ausmacht, die Anordnung der Glut, […] das Tier und das Feuer. Und die Argentinier grillen alles, vom Schwanz bis zum Nacken über die Eingeweide, sogar die Därme.«

DIE VORRATSKAMMER, IN DER ES AN NICHTS FEHLT

Über die vizekönigliche Vorratskammer schreibt Mariluz Urquijo: »Die Küche der Río-de-la-Plata-Region griff am Ende des 18. Jahrhunderts bereits auf die Früchte und Gemüse zurück, die wir heute benutzen: In der Regierungszeit des Marqués de Avilés sind scheinbar die ersten weißen Kartoffeln dort angekommen.« Der Text nimmt eine Konstante vorweg, die die Ernährung beeinflussen wird: Fleisch ist bereits billiger als Produkte, die sogar in Europa weit verbreitet sind. »Brot war teuer, und es wurde kaum gegessen, denn mit dem, was ein Pfund Brot kostete, konnte man sechs bis acht Pfund Fleisch kaufen. In einigen Regionen wurde das Brot durch Maniokwurzeln ersetzt, oder durch *Chipá*, Brot aus Maismehl.« Das hinderte natürlich niemanden daran, trotzdem Appetit auf richtiges Brot zu haben.

Eine Parenthese für den vielleicht durstigen Leser: Heiße Schokolade und Kaffee waren die nicht alkoho-

lischen Getränke, die während der Regierungszeit von Avilés am meisten verbreitet waren, und natürlich auch der Mate, der quer durch alle sozialen Schichten in großen Mengen getrunken wurde.

Später sollte Argentinien sich zu einem wichtigen Weinbauland entwickeln, angefangen mit den Winzereien, die damals wie heute hauptsächlich in der Cuyo-Region angesiedelt waren, besonders in Mendoza und San Juan, wo ein funktionierendes Kanalsystem erlaubte, das Wasser der Flüsse für die Bewässerung zu nutzen. 1874 kamen viele Migranten nach Mendoza: »Italiener und Franzosen brachten in ihrem Reisegepäck Rebsetzlinge und Saatgut mit«, schrieb Enrique Queyrat *(Los buenos vinos argentinos)*. Zum gleichen Zeitpunkt schuf der argentinische Präsident Sarmiento Modellunternehmen und lud drei ausländische Landbauingenieure ein, den Italiener Schieroni, den Deutschen Henri Röve-

der und den Franzosen Aimé Pouget, dem man wahrscheinlich die Einfuhr eines großen Teils der französischen Rebsorten verdankt, welche inzwischen die Basis für den Anbau bilden. Ebenfalls zu dieser Zeit wurden die Eisenbahnstrecken zwischen San Juan und Mendoza und zwischen San Rafael (Mendoza) und Buenos Aires gebaut. Zwischen 1936 und 1972 wurde die Oberfläche der Weinanbaugebiete von 149.815 Hektar auf 311.647 Hektar mehr als verdoppelt.

FLEISCH VON MEINEM FLEISCH

Das Fleischimperium – der Weizen kam langsam dazu – wuchs und verwandelte die *estancieros*, die Großgrundbesitzer, in eine Klasse, die schon in den dreißiger bis fünfziger Jahren des 19. Jahrhunderts die Republik lenkten. Lucio V. Mansilla, der mit diesen Leuten vertraut war, versichert in seinen Memoiren, dass »die Einfachheit ihrer Gebräuche verwundert, die so patriarchal und streng bleiben wie die der vorangehenden Generation. Das Fehlen von Raffinesse und von europäischen Einflüssen spiegelt sich in den Formen der Geselligkeit, in Glauben, Tischmanieren, Familienbräuchen und Kultur. […] Luxus und Komfort waren unbekannt. […] Die Reichen waren keine anspruchsvollen Gourmets, und die Köstlichkeiten, die Mansilla Senior schätzte, waren die fettigen und schweren Chorizowürste, die an der Ecke seines Hauses verkauft wurden.« Diese Genügsamkeit hatte sich sicher nicht nur durchgesetzt, weil die Nahrungsmittel üppiger vorhanden waren als die kulinarische Raffinesse, sondern auch, weil die Nachkommen von Einheimischen und armen Adligen ihre Kultur mit der der britischen Farmer mischten, deren Eleganz darin bestand, Armut vorzutäuschen. Karl Marx definiert sie in *Grundrisse der Kritik der politischen Ökonomie*: »Der

Schatzbildner verachtet die weltlichen, zeitlichen und vergänglichen Genüsse, um dem ewigen Schatz nachzujagen, den weder die Motten noch der Rost fressen, der ganz himmlisch und ganz irdisch ist.« Armes Land, reiches Land.

Es gab eine erste Generation Großgrundbesitzer, als 1810 die Unabhängigkeit erklärt wurde. 30 Jahre später kamen andere Landbesitzer an: Immigranten bescheidener Herkunft, die bereit waren, die harte Arbeit um das weiße Gold, die Wolle, anzupacken. Die Mehrheit dieser Schafhirten wurde reich damit. Die Hungersnöte im Irland der 1840er Jahre hatten dafür gesorgt, dass hier gleichzeitig zwei endogame und fruchtbare Gruppen von Siedlern nach Argentinien kamen: spanische und französische Basken, die aufgrund der Karlistenkriege ins Exil gingen, und die Iren, die immer wieder heiratsfähige Cousins und Cousinen nachziehen ließen.

Dinge veränderten sich. Schon 1856 umzäunt der preußische Konsul Francisco de Halbach sein Land mit Stacheldraht, eine 1836 von einem anderen Landbesitzer, Ricardo Newton, eingeführte Neuerung. Das wird sogar von Sarmiento gutgeheißen, der ein Feind der Landbesitzer war und schon 1860 klagte, dass die Kühe die argentinische Politik bestimmen würden, der aber jetzt begeistert ruft: »Zäunt ein, seid keine Barbaren!« Ab 1865 ist es allgemein üblich, einzuzäunen, was für Rinderzucht und Landbau eine Qualitätsverbesserung bedeutet.

Wichtig für die Fleischindustrie war auch ein weiteres Datum: 1876 läuft das Dampfschiff *Le Frigorifique* in den Hafen von Buenos Aires ein. Ein vom Chemiker Charles Tellier entwickeltes Kühlsystem ist an Bord eingebaut. Das Ein- und Auslaufen von Schiffen und Fleisch wird von da an nicht mehr unterbrochen. Etwa um 1880 können die landwirtschaftlich ausgerichteten Siedlungen den internen Markt versorgen, 2516 Kilometer Schienen durchqueren die Pampa. Nur die indianischen Nomaden stören die zivilisatorischen Absichten. 1879 ist für die Landbesitzer deshalb ein weiteres bedeutendes Datum. Der General Julio Argentino Roca eroberte in diesem Jahr fast 80.000 Quadratkilometer des Indianergebiets und bannt die Gefahr bewaffneter Übergriffe. Da fiel die letzte Grenze.

DAMPFSCHIFFE UND KÜHLSYSTEME

Zwischen 1879 und 1892 wurden die Eisenbahnstrecken von 2516 auf 13.582 Kilometer ausgebaut. 1880 wird aus den Vereinigten Staaten die Windmühle eingeführt, die später auch auf den Weiden des Mittleren Westens stehen wird. Zwischen 1883 und 1886 werden vier Kühlhaus-Unternehmen gegründet. »Die Wahrheit ist, dass in Argentinien sanitäre Einrichtungen eingeführt wurden, als sie in der Welt eingeführt wurden, dass das Telefon kam, als es Telefone gab, dass der Telegraf kam, als Telegrafen eingeführt wurden«, versichert Adolfo

Bioy Casares, der große Schriftsteller, der auch Landbesitzer war, allerdings ein mittelmäßiger, wie er behauptet,
und aus einer Familie des französischen Béarn stammte,
die in Argentinien reich geworden war. »Mein Großvater
Casares«, erzählt Bioy, »war ein sehr reicher Mann, der
an die großen Industrieunternehmen des nordamerika-
nischen Systems glaubte. Er wollte eine Industrie auf-
bauen, die große Mengen an Milch verarbeiten und die
Kindersterblichkeit reduzieren sollte: Er wollte Vorstellungen von öffentlichem Nutzen mit Vorstellungen eines
großen Unternehmens verbinden. Seine Firma *La Mar-
tona* wuchs zu einem wichtigen Unternehmen heran.«
Bioy war so argentinisch, dass er die Figuren seiner
Geschichten »Fisch« essen ließ (einfach nur »Fisch«
und nicht »Seehecht« oder »Stockfisch«), wenn es nicht
»Geschmortes« gab (auch hier bleibt er nur allgemein)
und Wein, einfach so.

Der Linguist Giovanni Meo Zilio registrierte mehr als
70 »gastronomische Italianismen« im amerikanischen

Spanisch. Und er betonte, dass »eine so große
Anzahl von Ausdrücken, die auf die Ernährung
bezogen sind und besonders in der La-Plata-
Region verwendet werden«, die wichtige Rolle
seiner Mitbürger in der örtlichen Kochkunst
beweisen würde: Auf der einen Seite hätten
sie ihre Rezepte mitgebracht, auf der anderen
hätten sie sich als Restaurantbesitzer um deren
Kommerzialisierung und Verbreitung bemüht.
Viele der italienischen Bezeichnungen für Obst
und Gemüse haben sich im argentinischen Spanisch ein-
gebürgert, weil die Besitzer der Gemüsegeschäfte Italiener waren oder sind. Es stimmt auch, dass es dank einer
anderen Erfindung Sarmientos, der öffentlichen Schule,
die gratis und verpflichtend von allen Kindern besucht

wurde, nach der größten Einwanderungsphase 1914 in Argentinien nur 35 Prozent Analphabeten gab, im Vergleich zu 50 Prozent in Frankreich oder Spanien.

Aber genug der Zahlen. Den Nachtisch überlasse ich Xavier Domingo. »Argentinien«, erklärt er in *Wenn uns nur noch das Essen bleibt*, »ist ein Land der großen Esser, der großen Trinker und der großen Raucher, und wenn nicht, der absoluten Abstinenzler. Die Beziehung der Argentinier zu den Dingen – oder zur Sprache – ist genauso leidenschaftlich. Der Argentinier isst zum Beispiel eigentlich gar nicht. Er übt eine andere Art von Handlung aus, die dem Essen ähnelt, aber die nichts mit dem zu tun hat, was die Bürger anderer Länder tun, dem *comer*. Die Handlung des Argentiniers ist *morfar*, er futtert, spachtelt, mampft. Man könnte hier bemängeln, dass *morfar* auf Lunfardo, dem Jargon der Hauptstadt Buenos Aires, einfach *essen* heißt. Diese Bemerkung ist auf akademischem Niveau vielleicht gültig, nützt uns aber gar nichts im Stadtteil *La Boca*, denn dort, mein Freund, herrscht eine andere Logik. […] Die Basis des *morfe*, des Futterns, ist natürlich das Fleisch. Wenn man vom Futtern sprechen will, das wirklich die Bezeichnung Futtern verdient, geht das nur mit Fleisch. Fisch oder Obst futtert man nicht. ›Ich habe Fisch gefuttert‹, könnte ein Argentinier sagen, aber nur mit einem selbstmitleidigen Lächeln, das zeigt, dass er irgendeinen Blödsinn gemacht hat und dass er sterben will.«

Oscar Caballero

> DIE BEZIEHUNG DER ARGENTINIER ZU DEN DINGEN – ODER ZUR SPRACHE – IST LEIDENSCHAFTLICH.

ARGENTINIEN UND SEINE KÜCHE

LANDSCHAFT

Den Hintergrund, vor dem die argentinische Küche sich entwickelt hat, bestimmen zwei Faktoren. Argentinien ist ein riesiges Land, nach Brasilien das zweitgrößte Lateinamerikas, mit einer extremen klimatischen und geografischen Vielfalt und fünf landschaftlichen Hauptregionen zwischen der südlichen Spitze, dem Sankt-Pius-Kap auf den Feuerlandinseln, und dem äußersten Norden, in dem sich die Flüsse Río Grande de San Juan und Mojinete in der Provinz Jujuy vereinen. Von Nord nach Süd misst das Land fast 3.700 Kilometer.

Zunächst sind da der Gran Chaco und die Pampa, beides Regionen, in denen traditionell Viehzucht und Ackerbau betrieben wird, wobei die Pampa, und besonders der größere und nordöstlich liegende Teil der Pampa Húmeda, feuchter und von gemäßigterem Klima ist. In beiden Regionen dominiert die Plantagenwirtschaft. Im subtropischen nördlichen Chaco werden mehr Tabak, Reis, Zuckerrohr und Baumwolle angebaut, in den gemäßigteren Zonen der Pampa wachsen eher Weizen, Mais, Sojabohnen und Sorghumhirse.

In beiden Regionen wird Rinderzucht betrieben, zum Beispiel in der Chacoregion mit Zeburindern und ihren Kreuzungen, die die Hitze besser vertragen; Schafzucht kommt eigentlich nur in den trockeneren Gebieten vor.

In den zentralen westlichen Provinzen Mendoza, La Rioja und San Juan werden Walnüsse, Oliven, Obst und Gemüse angebaut. Diese Provinzen liegen in den Anden oder ihren Ausläufern und sind ebenso für ihre Weine bekannt, die seit mehr als 400 Jahren angebaut und seit Langem auch nach Deutschland exportiert werden. Der Weinanbau breitete sich von Peru aus auf dem Kontinent

nach Süden aus. Auch in diesem Teil der Welt waren es zunächst in erster Linie Priester und Mönche, die sich um die Weinwirtschaft Verdienste erwarben. Für dessen eigentliche Einführung müssen jedoch die ersten spanischen Siedler verantwortlich gemacht werden, die sich im Tal von Güentata niederließen. Die Weinreben waren vom ersten Moment an der größte Reichtum der Region. Seitdem gelten die Argentinier als große Weintrinker. Gedeckt wird ihr Bedarf hauptsächlich aus den klimatisch günstig gelegenen Anbaugebieten der Region um Mendoza in etwa 800 Meter Höhe am östlichen Fuß der Anden nahe der chilenischen Grenze. Die Anbaufläche erreichte 1977 mit 350.680 Hektar einen historischen Höchststand. Zwischen den Jahren 1982 und 1992 redu-

zierte sich die gesamte Anbaufläche allerdings wieder um etwa 36 Prozent. Seit 1992 lässt sich eine zunehmende Bewirtschaftung mit Edel-Traubensorten beobachten.

Im Nordosten an der Grenze zu Brasilien und Paraguay liegt die Provinz Misiones, in Argentinien eine eigene Klimazone. Subtropischer Regen- und Feucht-wald bewächst die Flächen, die nicht landwirt-schaftlich genutzt werden. Neben der wichti-gen Forstwirtschaft werden hauptsächlich Tee und *yerba mate* angebaut, aber auch Tabak, Zuckerrohr, Baumwolle, Reis, Mais, Kaffee und Zitrusfrüchte.

TEE, TABAK UND ZUCKERROHR

Eine Thermoskanne mit heißem Wasser, einen Beutel mit Mateblättern und eine Kalebasse, ein kleines rundes, häufig kunstreich verziertes Gefäß, aus dem der Tee mit-tels eines metallenen Trinkhalmes *(bombilla)* mit ein-gelassenem Sieb gesaugt wird, trägt sicher jeder zweite Einwohner von Buenos Aires mit sich herum. Bereits im 16. Jahrhundert berichtete der spanische Konquistador und Gründer von Buenos Aires, Pedro de Mendoza, von einem Getränk der Indios gegen Erschöpfung und Hitze. Ende des 16. Jahrhunderts wurde der Konsum von Mate-tee jedoch als gefährliches Laster angesehen und mit der Besiedlung Paraguays durch die Jesuiten sogar verboten – in Buenos Aires wurde der Besitz von Mateblättern mit einer Geldstrafe von 10 Pesos oder 15 Tagen Gefäng-nis gesühnt, und die Blätter wurden öffentlich verbrannt. Nicht viel später wurden die Jesuiten dann autorisiert, Mate anzubauen und damit zu handeln, und erarbeite-ten sich ein Monopol, das sie bis zu ihrer Vertreibung im 18. Jahrhundert behielten. Heutzutage ist Matetee für die Argentinier nicht nur National-, sondern auch Kult-getränk.

Die bekannteste Region Argentiniens ist sicher Patagonien, das den südlichen Teil des Landes (und Chiles) umfasst und neben seinen einsamen, eindrucksvollen Landschaften auch für seine riesigen Schafherden bekannt ist. Neben der Schafzucht wird in den Tälern Patagoniens Obst und Gemüse angebaut. Obwohl an den Küsten auch Fischerei betrieben wird, wird besonders die Küche Feuerlands vom Fischfang beeinflusst.

Die bloße Dimension Patagoniens erweckt den Eindruck, als wäre es ein eigener Kontinent und nicht der südliche Teil zweier Länder. Es ist eine unendliche Ansammlung von Bergen, Tälern und Wäldern, Seen, Flüssen, Bächen, Vulkanen und Gletschern. Die meisten Bewohner Patagoniens sind seit Generationen Einwanderer aus aller Herren Länder.

Der Name dieser Gegend ist den Spaniern zu verdanken: Einige Stämme der Urbevölkerung waren ungewöhnlich groß und athletisch gebaut, insbesondere die Tehuelches, sodass die Spanier sie nach Patagón, einem Riesen aus einem Ritterroman, benannten. Der Name Patagonien hat sich durchgesetzt.

ERNÄHRUNG DER UREINWOHNER

Der zweite Aspekt, der für die Entstehung der argentinischen Küche von Bedeutung ist, ist die Geschichte des Landes, die von der beginnenden Kolonisierung 1527 bis ins 20. Jahrhundert hinein durch Einwanderung geprägt ist.

Vor der Eroberung durch die Spanier war das Gebiet des heutigen Argentinien im Nordwesten, in den Provinzen Jujuy, Salta, Tucumán, Catamarca, La Rioja und Santiago del Estero, von verschiedenen indigenen Bevölkerungsgruppen besiedelt, die, ähnlich der Inkakultur, Landwirtschaft im bewässerten Terrassenbau betrieben und ver-

schiedene Sorten Mais und Kartoffeln anbauten, daneben Kürbisse, Bohnen, Süßkartoffeln und Quinoa. Ergänzend wurde das Fleisch von Lamas, Guanakos und Vicuñas, aber auch Meerschweinchen, Gürteltieren und Viscachas, einer Chinchillaart, gegessen und auch getrocknet oder eingesalzen. Das Inkareich war in den letzten Jahren des 15. Jahrhunderts expandiert und hatte einige Völker dieser Region unterworfen, nur die Diaguita-Calchaquí leisteten Widerstand und konnten sich dann auch lange Zeit, bis 1667, den Spaniern widersetzen.

Ein Relikt der Inkakultur ist beispielsweise der häufige Gebrauch von Kürbis in der argentinischen Küche, eines der ältesten Züchtungsprodukte der Indios. Die Argentinier genießen besonders den nahrhaften, gelbfleischigen Winterkürbis als Gemüsebrei, als Pastetenfüllung, ausgebacken im Teigmantel, überbacken als Pudding oder als Auflauf. Auch Schmorgerichte werden mit Kürbis bereichert und dekoriert.

Lässt man die Stückchen vollkommen zerkochen, dicken sie die Gerichte an und schenken ihnen eine herrlich gelbe Farbe – nicht nur ein Gaumen-, sondern auch ein Augenschmaus. Die wohl delikateste Art der Kürbiszubereitung ist die *Carbonada en zapallo* (Seite 142), ein Rindfleischtopf mit Mais, Kartoffeln und Süßkartoffeln, der in einem ausgehöhlten Kürbis gedünstet wird.

Auch Mais war bei den Indios ein hoch geschätztes Nahrungsmittel, während die Kartoffel eher ein Arme-Leute-Gericht war. Eines von vier überlieferten Gerichten ist *Locro* (Seite 66), ein Maiseintopf mit getrocknetem oder frischem Fleisch oder Fisch, Kartoffeln und getrocknetem und gemahlenem Chili. Dieses Gericht existiert in Abwandlung noch heute: Jetzt

wird Rind statt Lamafleisch verwendet, und es sind Bohnen hinzugekommen. Auch die *Humitas* (Seite 68) haben ihren Weg in die argentinische Küche gefunden; nur wird hier der Maisteig vor dem Kochen nicht gefüllt, sondern mit den Zutaten verknetet.

In der nordöstlichen Region, in den heutigen Provinzen Chaco, Formosa, Corrientes und Misiones, lebten indigene Völker, die zu den Guaraní gehören. Auch sie betrieben Ackerbau und kultivierten Mais, Maniok und Süßkartoffeln und ergänzten die pflanzliche Diät mit Fischfang und Jagd. Aus Maniok wurde *tapioka* und *fariña* hergestellt, Mehle von unterschiedlicher Feinheit, aus denen Brot gebacken wurde. Außerdem erfreuten sich verschiedene Früchte der Region, wie zum Beispiel die Ananas, hoher Beliebtheit. In den Regionen zwischen dem Nordosten und -westen siedelten Völker, die sowohl von den Ernährungsgewohnheiten der Guaraní als auch denen der Andenvölker beeinflusst waren.

Auch in den Küstenregionen, in der Pampa und Patagonien lebten indigene Völker. Diese betrieben jedoch keinen Ackerbau, sondern waren Nomaden und ernährten sich hauptsächlich von der Jagd auf Hirsche, Guanakos und Nandus, argentinische Straußenvögel. Es heißt, dass Fleisch und auch Eingeweide gern roh verzehrt wurden. Aníbal Arcondo erwähnt in seiner *Historia de la alimentación en Argentina* die für Mitteleuropäer eher abschreckenden Gerichte *ñachi*, die zerstückelten Eingeweide des erlegten Tieres, die in seinem Leib mit gesalzenem frischen Blut vermengt direkt aus diesem zu sich genommen wurden, oder *apoll*, bei dem das Tier in seinem eigenen Blut erstickt wird.

Zu den schon vorhandenen wurden später Tierarten wie Hase, Nerz, Wildschwein und Rothirsch eingeführt – und gejagt. Das Lammfleisch aber ist gewissermaßen Grundlage der Ernährung der Region, zum Beispiel in Form des *Corderito patagónico* (Seite 136).

KOLONIALZEIT

Die Gebiete des heutigen Argentinien wurden von den spanischen Eroberern erst nach und nach besetzt; es war sehr viel einfacher, die Gebiete zu erobern, in denen sess-

hafte Völker lebten. Diese teilten die Erzeugnisse ihrer landwirtschaftlichen Produktion mit den Eroberern, während in den Gebieten, in denen Nomaden lebten, das Anwachsen der Bevölkerung die Nahrungsmittelknappheit nur noch vergrößerte und auch keine Arbeitskraft für den Ackerbau zur Verfügung stand.

Die Spanier lebten in den Städten. Die kolonisierten Völker betrieben Ackerbau für ihre Versorgung im Umland und konnten so ihre Tributzahlungen leisten. Die Spanier führten Weizen und Gerste ein, während für den Konsum der Ureinwohner meist die traditionellen Ackerfrüchte produziert wurden. In anderen Gegenden mussten die Spanier jedoch auch mit den einheimischen Nahrungsmitteln vorliebnehmen.

Die Spanier waren auch verantwortlich für die Einfuhr von Rindern, Pferden, Schafen, Ziegen und Schweinen. Besonders Rinder, aber auch Pferde vermehrten sich in der Pampa hervorragend, was sich vor allem auf die Ernährungsgewohnheiten der nomadischen Jäger der Pampa und Patagoniens auswirkte, die nun begannen, diese Tiere zu jagen.

Die Rinder waren für die Bevölkerung von Buenos Aires zunächst nicht als Nahrungsmittel, sondern ihrer Häute wegen, die exportiert wurden, von Bedeutung. Sie wurden in der Region um Buenos Aires extensiv gezüchtet.

Die Berichte der Reisenden, die während der Kolonialzeit in Buenos Aires und seinem Umland unterwegs waren, betonen den Reichtum an Fleisch. So schreibt Concolorcorvo 1773 im *Lazarillo de ciegos caminantes*: »Fleisch ist in solcher Fülle vorhanden, dass man die Rinderviertel in Lastkarren auf die Plaza fährt, und wenn nun aus Versehen ein ganzes Viertel vom Karren fällt, wie ich es gesehen habe, steigt der Kutscher nicht ab, um es aufzuheben, selbst wenn man ihn darauf aufmerksam macht, und auch wenn zufällig ein Bettler vorbeikommt, nimmt er es nicht mit nach Hause, weil es ihm die Arbeit nicht wert ist, es zu tragen. Beim Morgengebet wird oftmals Fleisch umsonst verteilt, auch in den Schlachthöfen,

denn täglich werden viele Rinder geschlachtet, mehr als die Bevölkerung braucht, nur wegen der Häute.«

Gerade in den Gegenden, in denen es Rindfleisch im Überfluss gab, waren Hülsenfrüchte und Gemüse äußerst schwer zu bekommen. So wurden die kirchlichen Autoritäten sogar aufgefordert, auch in der Fastenzeit den Genuss von Fleisch zu erlauben, da die pflanzliche Kost aufgrund der Trockenheit so knapp wäre.

ESSGEWOHNHEITEN HEUTE

Das argentinische Frühstück *(desayuno)* ist normalerweise eher spartanisch. Die meisten Argentinier trinken morgens nur eine Tasse Kaffee, garniert eventuell mit kleinen getoasteten Weißbrotstückchen *(tostadas)* oder Croissants *(medialunas)*. Der Kaffee wird oft schwarz getrunken, allenfalls mit einem Schuss Milch *(cortado)*, nur selten wirklich als *café con leche* (mit einem kleinen Kännchen Milch). Einige Cafés bieten auch ein *desayuno americano* mit weiteren Beilagen an.

Das Mittagessen *(almuerzo)* wird wie in Mitteleuropa etwa zwischen 12 und 14 Uhr eingenommen. Es ist in der Regel eine warme, kräftige Mahlzeit, jedoch oft nicht so umfangreich wie das Abendessen. Oft isst man mittags Pasta und abends Fleisch.

Zwischen Mittag- und Abendessen gibt es zwei »informelle« Mahlzeiten: Die *merienda* (16 bis 18 Uhr) ähnelt dem deutschen Nachmittagskaffee. Hier werden meist ein Kaffee sowie *Criollos* (ein sehr einfaches, nahezu geschmackloses Gebäck) oder *Facturas* (süßes Gebäck, oft mit *Dulce de leche*) serviert. Manchmal wird statt Kaffee auch Mate getrunken. Kuchen gibt es selten, dieser gilt in Argentinien eher als Festessen und wird sogar lieber abends als nachmittags gegessen.

Dagegen ist die *Picada* sehr beliebt, die salzig ist und eher im Freundes- und Kollegen- als im Familienkreis

gegessen wird. Es handelt sich um ein Sammelsurium aus klein gehackten Wurst- und Käsestückchen, die meist von einem Bier begleitet werden, und findet etwa zwischen 18 und 19.30 Uhr statt, oft nach Feierabend.

Das Abendessen *(cena)* ist die Hauptmahlzeit und mindestens so kräftig und umfangreich wie das Mittagessen. Es wird meist zwischen 20 und 23 Uhr eingenommen, bei Festmahlzeiten *(asado)* vielleicht sogar noch später. Häufig gibt es beim Abendessen Fleisch- oder Hähnchengerichte, auch Pizza ist üblich. Ein »kaltes« Abendessen ist sehr selten.

Inka Marter

Typische Zutaten

Bananenblätter

Die großen glänzenden Blätter
der Bananenstaude benutzten die
Indios, um ihre Jagdbeute damit
einzuwickeln oder das Essen auf
ihren Wanderungen zu trans-
portieren. In Bananenblätter eingeschlagen, wurden Mahlzeiten
gekocht und dann direkt aus den
Blättern gegessen. Viele süd-
amerikanische Gerichte werden
heutzutage noch in Kochbananenblättern zubereitet, nicht nur
die *Tamales*, sondern auch Fleisch-
oder Fischgerichte.

Bergforellen

Anfang bis Mitte des 20. Jahrhunderts begann man in den
andinen Regionen aller südamerikanischen Länder Bergforellen zu
züchten. Sie finden in den kühlen,
sauberen und sauerstoffreichen
Bergbächen ein hervorragendes
Lebensumfeld.

Bohnen

Die Hülsenfrüchte (Legumi-
nosen) gehören zu den ältesten
Kulturpflanzen. Archäologen
fanden Überreste des Anbaus
von Andenbohnen (eine rote, den
heutigen Kidneybohnen ähnliche
Art) – ebenso wie von Chilischoten, Mais und Olluco, die auf
etwa 12.600 v. Chr. datiert werden
konnten. Schon die Inkas kannten
unzählige verschiedene Bohnenar-
ten. Inzwischen ist ihre Zahl weltweit unüberschaubar: Stangen-,
Kletter-, Busch-, Prunk-, Feuer-,
Lima-, Mond-, dicke, Indio-,
Reis-, Spargel-, Butter-, Kidney-,
Motten-, braune, schwarze, grüne,
Schwarzaugenbohnen …

Charqui

Aus dem Quechua-Wort *char-
ki* für »getrocknetes Fleisch«
entlehnt (portugiesisch *charque*,
englisch *jerky*), ist dies die Bezeichnung für die in Südamerika übliche Zubereitung von
Trockenfleisch, aus gesalzenem,
in dünne Scheiben oder Streifen
geschnittenem Fleisch. Heute
handelt es sich ganz überwie-
gend um Rindfleisch. Die Ver-
wendung von Lama-, Guanako-,
Schaf-, Ziegen-, Schweine-, Pfer-
de-, Wildfleisch oder anderem
ist aber auch üblich. In Chile soll
sogar noch *Charqui* aus Hunde-
fleisch bekannt sein. In Jamai-
ka wird auf diese Weise zu-
bereitetes Schweinefleisch oder
Huhn *jerk* genannt.

CHORIZO CRIOLLO

Die argentinische Chorizowurst
wird aus einer Mischung von grob
zerkleinertem Speck, Schweinefleisch und Rind- oder Kalbfleisch hergestellt und mit Salz,
Pfeffer, Chilipulver, Wein und
verschiedenen anderen Gewürzen
wie Fenchel, Muskatnuss und
Knoblauch gewürzt. Zum Grillen
wird sie frisch verwendet, ledig-
lich etwas abgehangen, man kann
sie aber auch getrocknet benutzen. Man bekommt die Wurst in
einigen spanischen Importläden,
manchmal auch im Versand-
handel. Ersatzweise sollte man
bei seinem Schlachter nach einer
frischen, ungeräucherten groben
Mettwurst fragen.

KARTOFFELN

Archäologische Untersuchungen
haben Wildkartoffeln bereits
13.000 v. Chr. in Südchile nach-
gewiesen, lange vor Einführung
des Ackerbaus. Die Kultivierung
der Kartoffel als Kulturpflanze
ging vom andinen Siedlungsraum
aus. Die ältesten Funde kultivier-
ter Kartoffeln stammen aus dem
Chilca-Tal (südl. von Lima) und
werden auf 7.000 v. Chr. datiert.

Während es in Südamerika
mehr als 200 botanische Arten
von Kartoffeln in 600 Varietäten
aller Formen, Farben und Größen
gibt, wird in Europa nur *Solanum
tuberosum* angebaut. Deshalb
ist die Geschmacksvielfalt, auf
die der Leser bei den Rezepten
zurückgreifen kann, hierzulande
leider etwas begrenzt.

KICHERERBSEN

Die zu den Schmetterlings-
blütlern zählenden Kichererbsen
haben mit den klassischen Erbsen
nicht viel gemein. Sie sind beige-
braun und schrumpelig. Ihr Ur-
sprung liegt in Westindien, von
wo aus sie sich über den Mittel-
meerraum und dann mit den Spaniern in die tropischen und subtropischen Regionen ausbreiteten.

KÜRBIS

Der Kürbis ist eine der ältesten
Kulturpflanzen überhaupt, wie
archäologische Funde aus Peru
und Mexiko belegen. Die bisher
ältesten Kürbisfunde stammen
aus einer Höhle im südlichen
Mexiko und werden auf ein Alter
von etwa 12.000 Jahren geschätzt.
Für die Ureinwohner Südameri-
kas scheint der Kürbis schon lange eine wichtige Nahrungsquelle
gewesen zu sein. Sie nutzten
nicht nur das Fruchtfleisch der

damals noch bitter schmeckenden und kaum birnengroßen Früchte, sondern auch die öl- und eiweißreichen Samen.

Weitere archäologische Funde sprechen dafür, dass vor 6.000 bis 8.000 Jahren in Mittel- und Südamerika eine Epoche der Kürbiskultur blühte. Damals war er nicht nur Nahrungsmittel, sondern diente auch als Trinkgefäß, Werkzeug, Schwimmboje oder Musikinstrument. Heutzutage kennt man weltweit etwa 120 verschiedene Kürbisgattungen mit 800 Arten.

MAIS

Indianische Mythen erzählen, dass die erste Maispflanze dem Grab einer schönen Jungfrau entspross. Moderne Gentechnik half festzustellen, dass die zahlreichen Maisvarianten tatsächlich auf eine einzige Stammform zurückgehen, die vor 9.000 Jahren im mexikanischen Bergland angebaut wurde.

Die drittwichtigste Getreidepflanze der Welt nach Weizen und Reis wurde ursprünglich aus dem Wildgras Teosinte, einem Gras Mittelamerikas, gezüchtet. Bei Teosinte sind die Körner wie Perlen auf einer Schnur aufgereiht und kleben mit ihren verholzten

»Schalen« aneinander. Von der Teosinte mit kleinen Körnern existierten vor 8.000 Jahren vermutlich zwei Mutanten mit großen Körnern. Die Ureinwohner kreuzten diese beiden und erhielten eine Maissorte mit noch größeren, festsitzenden Körnern. Durch weitere Kreuzungen in den folgenden Jahren und Jahrhunderten wurde der Mais zu der Nahrungs- und Futterpflanze, die wir heute kennen.

MATE

Das Wort »Mate« leitet sich aus dem Quechua-Wort *mati* ab. Damit bezeichneten die Inkas allerdings nicht die Pflanze oder ihre Blätter, sondern ein Kürbisschalengefäß, aus dem sie den Tee der fein zerstampften Blätter eines immergrünen Baumes tranken. Der Behälter gab dem Getränk seinen Namen, und so begann der Siegeszug des grünen Goldes.

Mate ist ein teeähnliches Getränk, das aus den Blättern der *Lex Paraguarensis*, einem mit der Stechpalme verwandten Baum, gewonnen wird. Dieser kommt hauptsächlich in Argentinien, Uruguay, Paraguay und in Teilen Südbrasiliens vor und gedeiht an sonnigen Andenhängen noch in

Höhen bis 1.000 Meter. Der Baum erreicht, wenn er frei wachsen kann, eine Höhe von bis zu zwölf Meter, der Stammdurchmesser beträgt dabei 30 Zentimeter.

Die Hälfte des Koffeins ist allerdings an die im Tee enthaltenen Gerbstoffe gebunden und wird erst nach und nach freigesetzt. Somit regt Matetee an, aber nicht auf, ist also viel bekömmlicher als Kaffee.

MINZE

Die Minze *(Mentha spicata)* gehört zur Familie der Lippenblütler und ist eine mehrjährige Pflanze, die bis zu 45 Zentimeter hoch und 15 Zentimeter breit wird. Es gibt viele Arten mit unterschiedlichen Aromen, aber einem immer feinen und erfrischenden Geschmack. Die in südamerikanischen Gerichten für Eintöpfe, Lammbraten, Kartoffeln, Hülsenfrüchte, Salate und Hackbraten verwendete wild wachsende Mexikanische Minze *(Yerba buena)* kann getrost durch unsere grüne Minze mit fast gleicher Geschmacksnote ersetzt werden. Mitgekocht werden sollten stets nur getrocknete Blätter. Frische Minze wird erst kurz vor dem Servieren hinzugefügt.

SÜSSKARTOFFEL

Die zur Familie der Windengewächse *(Convolvulaceae)* gehörende und botanisch mit der Yamswurzel verwandte Süßkartoffel ist ein einjähriges, buschiges Kraut, das an seinen dahinkriechenden, bis zu drei Meter langen Sprossen Wurzeln entwickelt, die zu bis zu drei Kilogramm schweren Knollen anschwellen. Diese haben eine starke Schale und leicht mehliges, rötliches, bräunliches oder gelblich weißes Fleisch.

Grundsätzlich werden Süßkartoffeln wie Kartoffeln vor- und zubereitet. Sie eignen sich sehr gut zum Kochen, Backen und Pürieren, jedoch weniger zum Braten, da sie relativ schnell zerfallen. In Asien und Südamerika zählen Süßkartoffeln zu den Grundnahrungsmitteln. Dort werden aus den gekochten Knollen Mehl, Stärke, eine Art Sago sowie alkoholische Getränke hergestellt.

Die Süßkartoffel soll trocken, luftig und dunkel bei mindestens 5 Grad Celsius lagern. Wegen ihres hohen Wassergehalts ist sie weniger haltbar als die Kartoffel. Als Ersatz kann man die bei uns heimische Kohl- oder Steckrübe (von September bis Mai) verwenden.

Masse und Abkürzungen

EL	Esslöfel
TL	Teelöffel
g	Gramm
kg	Kilogramm
l	Liter
ml	Milliliter

Wenn nicht anders angegeben, sind Tee- und Esslöffel gestrichen gefüllt.

Alle Rezepte beziehen sich, wenn nicht anders vermerkt, auf vier Personen.

◆

Warme und kalte Vorspeisen
Entradas frías y calientes

◆

Der italienische Einfluss brachte
Antipasti nach Argentinien, auch
wenn sie nicht so reichhaltig sind
wie in Italien. Eine ideale Vorspeise,
um den Magen in schmackhafter
Form zu öffnen.

Kichererbsen mit Mangold
Garbanzos con acelgas

Die Kichererbsen über Nacht in Wasser einweichen.

Am nächsten Tag mit frischem Wasser aufsetzen und kochen, bis sie gar, aber nicht zu weich sind. Abgießen und etwas Kochwasser auffangen. Die Tomaten häuten und würfeln, die Zwiebeln fein hacken.

In einem Topf Öl erhitzen und die Zwiebeln mit dem Lorbeerblatt dünsten. Tomaten und Kichererbsen samt Kochwasser zugeben. Nach Geschmack mit Oregano, Chili, Salz und Pfeffer würzen, weiterkochen. Den Mangold in grobe Streifen und diese zweimal quer durchschneiden. 15 Minuten vor dem Servieren hinzufügen und mitgaren.

Das Baguette in Scheiben schneiden und toasten. Die Knoblauchknolle ungeschält rösten. Wenn sie weich ist, in der Mitte durchschneiden. Das getoastete Brot damit einreiben, mit Öl beträufeln und mit je einem Anchovisfilet belegen. Den Eintopf heiß servieren und die Brotscheiben dazu reichen.

am Vortag beginnen
für 6 Personen

200 g Kichererbsen
300 g Tomaten
2 Zwiebeln
Olivenöl
1 Lorbeerblatt
Oregano
Chilipulver
500 g Mangold
1 Baguettebrot
1 kleine Knoblauchknolle
1 Dose Anchovis

Gefüllte Zucchini
Zapallitos rellenos

Die Zucchini unter fließendem Wasser waschen und, ohne die Stängel abzuschneiden, mit Öl einstreichen und in ungesalzenem Wasser kochen – sie sollten nicht zu weich werden. Längs in der Mitte durchschneiden und das Fruchtfleisch vorsichtig entfernen. Abspülen, trocken tupfen und auf ein eingeöltes Backblech legen.

Den Schinken und das Fruchtfleisch der Zucchini hacken, mit den übrigen Zutaten vermischen und salzen. Die Zucchini damit füllen und mit Parmesan bestreuen. Im Ofen bei mittlerer Hitze goldbraun backen.

Für die Beilage die Kartoffeln mit Schale kochen, pellen und in ½ cm dicke Scheiben schneiden. Die Tomaten in Scheiben schneiden. Eine feuerfeste Form mit Butter einfetten und abwechselnd Kartoffeln und Tomaten hineinschichten. Sahne und gemahlenen Pfeffer darübergeben und im Ofen braun garen.

Je zwei Zucchinihälften mit Kartoffeln und Tomaten auf Tellern anrichten und servieren.

für 6 Personen

6 Zucchini
Olivenöl
100 g Schinken oder
    Hühnerfleisch
2 EL weiße Sauce (Seite 180)
2 Eier
1 EL gehackte Petersilie
1 gehackte Knoblauchzehe
Oregano
geriebene Muskatnuss
zum Bestreuen:
    3 EL geriebener Parmesan

für die Beilage:
500 g Kartoffeln
4 Tomaten
Butter
50 ml Sahne

Variante
Die gefüllten Zucchini in heißem Öl frittieren. Mit der Füllung nach oben ins Öl legen und erst umdrehen, wenn diese stockt. Auf Küchenpapier abtropfen lassen und heiß servieren.

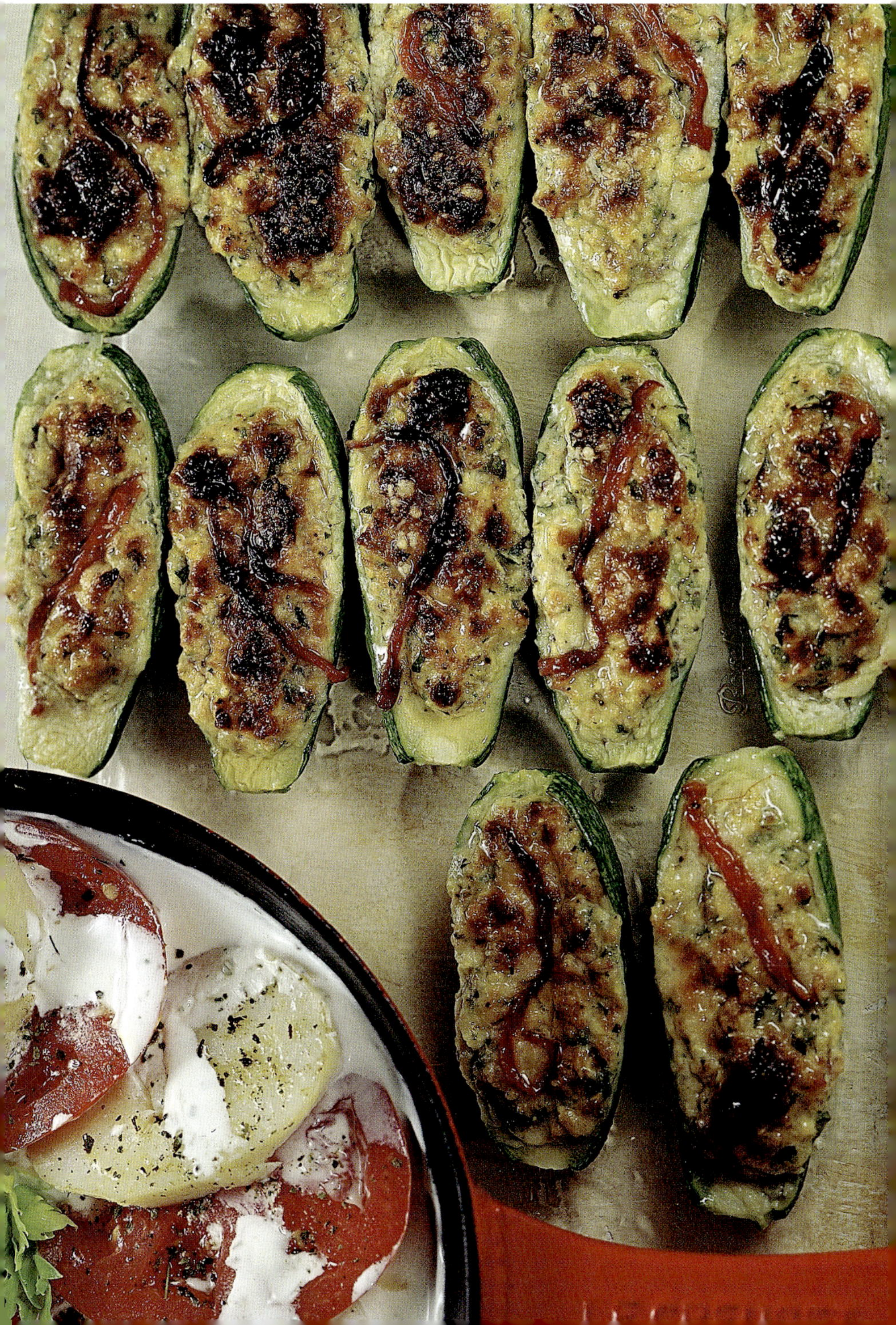

BÄLLCHEN AUS ROTE-BETE-BLÄTTERN
BOCADITOS DE HOJA DE REMOLACHA

In einer Schüssel Rote-Bete-Blätter, Eier und das mit Backpulver vermischte Mehl vermengen. Petersilie und Knoblauch fein hacken, den Parmesan untermischen. Alles zu der Masse geben und gut mischen, nach Belieben salzen und pfeffern.

In einer Pfanne Öl erhitzen. Mit einem feuchten Esslöffel kleine Portionen aus der Masse nehmen, Bällchen formen und von beiden Seiten braun braten. Auf Küchenpapier abtropfen lassen.

Auf einem Reisbett servieren, mit Limonenscheiben dekorieren und mit Knoblauchmayonnaise anmachen.

für 6 Personen

2 Tassen gekochte, ausgedrückte und gehackte Rote-Bete-Blätter
3 Eier
½ Tasse Mehl
1 Prise Backpulver
½ Bund Petersilie
1 Knoblauchzehe
2 EL geriebener Parmesan
Öl
2 Tassen gekochter Reis
1 Limone
leichte Knoblauchmayonnaise (Seite 132)

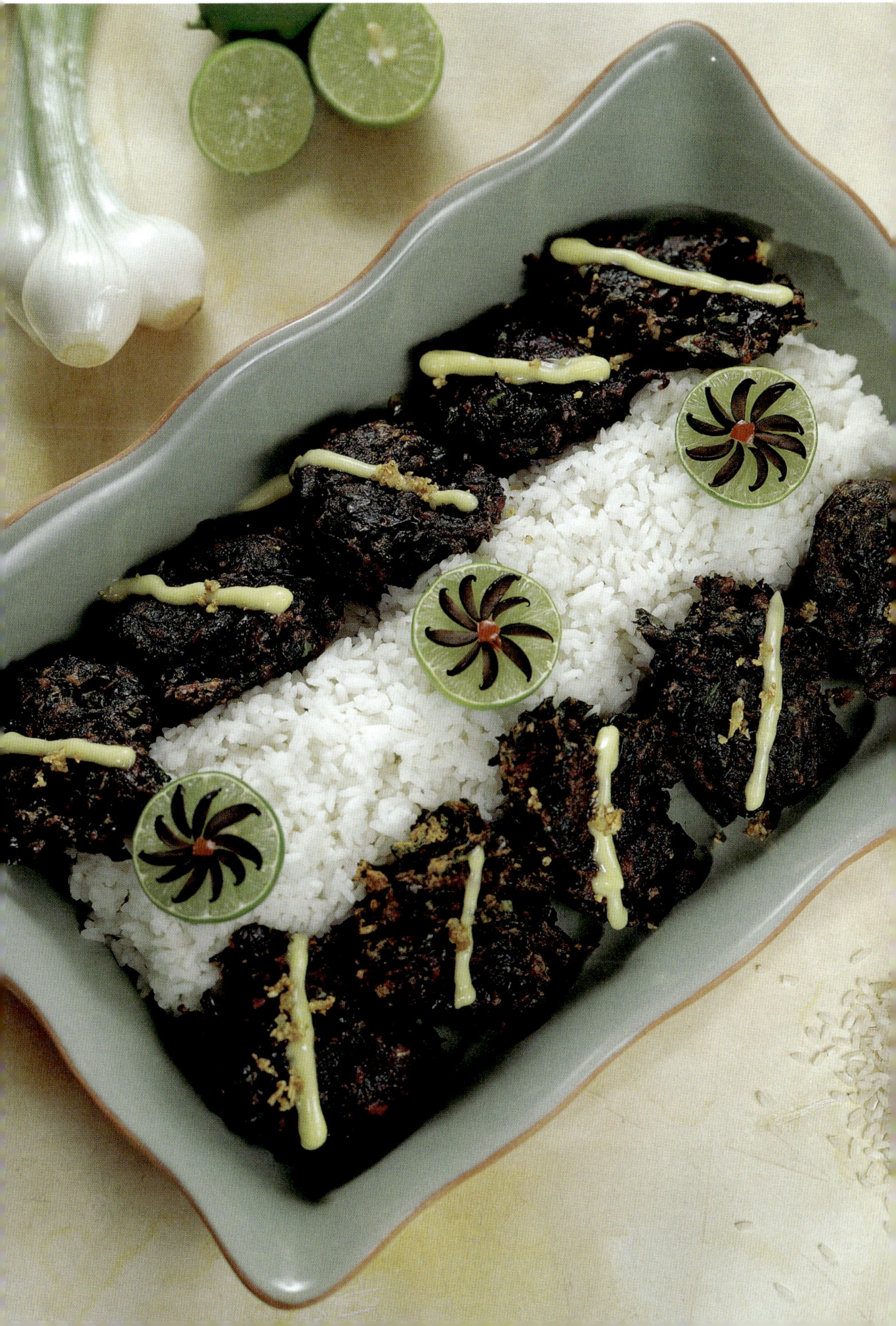

Grüne Bohnen auf kalabrische Art
Chauchas a la Calabresa

Die Bohnen gar kochen und auf einem Teller zur Seite stellen. Den Knoblauch in Scheiben schneiden, die Anchovis abtropfen lassen und in gleichmäßige Stücke schneiden.

In einer Pfanne Öl erhitzen und den Knoblauch goldbraun anbraten. Die Anchovis zugeben, mit Oregano und Chili würzen. Die Bohnen beifügen und in der Pfanne schwenken.

Mit zwei Scheiben Schinken pro Person heiß servieren.

450 g grüne Bohnen
3 Knoblauchzehen
4 Anchovisfilets in Öl
Olivenöl
Oregano
Chilipulver
8 Scheiben Schinken

Reisbällchen
Bocaditos de arroz

Den Reis gar kochen, mit kaltem Wasser abschrecken und in eine Schüssel geben. Mit Eiern, zerdrücktem Knoblauch, Petersilie, Parmesan und Maisstärke vermischen. Salzen, pfeffern und gut verrühren.

In einem Topf Öl erhitzen. Mit einem feuchten Esslöffel kleine Portionen aus der Masse nehmen, Bällchen formen und frittieren. Je nach Größe des Löffels ergibt die Masse 12 bis 15 Portionen. Dazu schmeckt ein Rote-Bete-Salat (Seite 90).

für 6 Personen

1 ½ Tassen Reis
4 Eier
1 Knoblauchzehe
1 TL gehackte Petersilie
3 EL geriebener Parmesan
2 TL Maisstärke
Öl zum Frittieren

FISCHKROKETTEN
CROQUETAS DE PESCADO

In einem Topf mit reichlich Salzwasser den Barsch mit Zwiebel, Knoblauchzehe und Lorbeerblatt kochen. Abkühlen lassen, Haut und Gräten entfernen und den Fisch in einer Schüssel zerkleinern.

Reis und Eier untermischen, Parmesan, Knoblauch, Petersilie, Oregano, Salz und Pfeffer zugeben, alles gut vermengen.

In einem Topf Öl erhitzen. Mit zwei feuchten Esslöffeln kleine Portionen aus der Masse nehmen und mittelgroße Bällchen formen. In Semmelbröseln wenden und goldbraun frittieren.

Auf einem Salatbett servieren, mit Cherrytomaten anrichten und alles mit Öl und Zitronensaft würzen.

Dazu schmeckt eine Knoblauchmayonnaise (Seite 132).

Variante
Für das Gericht kann man auch Reste unterschiedlicher Fischsorten verwenden.

200 g See- oder Wolfsbarsch
¼ Zwiebel
1 Knoblauchzehe
1 Lorbeerblatt
70 g gekochter Reis
2 Eier
3 EL geriebener Parmesan
1 gehackte Knoblauchzehe
1 EL gehackte Petersilie
Oregano
Olivenöl zum Frittieren
Semmelbrösel
grüner Salat
Cherrytomaten
Zitronensaft

Schinken mit Ananas
Jamón con ananá

Spargel, Palmherzen und Artischocken abtropfen lassen, je eine Frucht auf einem Teller zur Seite stellen. Den Rest fein hacken, mit 1 Tasse Mayonnaise und Ananassirup verrühren. Dekorativ auf einem Teller verteilen.
Die Ananasscheiben halbieren und in die halbierten Schinkenscheiben einwickeln. Die Schinken-Ananas-Röllchen auf die Masse legen, mit Kirschen, Spargelstange, Palmherz und Artischocke dekorieren, mit der restlichen Mayonnaise beträufeln.

für 6 Personen

1 Dose Spargel
1 Dose Palmherzen
1 Dose Artischockenherzen
1 ½ Tassen Mayonnaise
½ Tasse Ananassirup
1 Dose Ananas
6 Scheiben Schinken (200 g)
Maraschinokirschen

Chipá

In einer Schüssel das mit Backpulver vermischte Maniokmehl, Eier und Butter vermengen. Die Milch zugießen und kneten, bis ein glatter Teig entsteht. Den Käse fein reiben und untermischen. Den Teig salzen und mit der Hand Kugeln formen.
Im vorgeheizten Ofen bei 200° C auf mittlerer Schiene etwa 15 Minuten backen.
Möglichst warm verzehren.

Variante
Das Maniokmehl durch Maismehl ersetzen.

für 6 Personen

1 kg Maniokmehl
1 TL Backpulver
4 Eier
200 g Butter
Milch
500 g Käse (mittelalter Gouda,
    Emmentaler)

Mit Parmesan gratinierte Zucchini
Parmesana de zapallitos

Die Zucchini waschen, der Länge nach in je vier Scheiben schneiden und in mit Salz und Pfeffer vermischtem Mehl wenden.

In einem Topf Öl erhitzen und die Zucchini frittieren. Herausnehmen und auf einem Teller zur Seite stellen.

Den Mozzarella fein würfeln.

Für die Sauce die Tomaten häuten und würfeln, den Knoblauch hacken. Eine Pfanne ohne Fett erhitzen und den Knoblauch goldbraun rösten. Tomaten, Oregano, Chili und Salz zugeben und etwa 10 Minuten einkochen, bis die Flüssigkeit reduziert ist.

Eine flache feuerfeste Form einölen und mit den Zucchinischeiben auslegen, bis der Boden bedeckt ist. Mit Sauce bedecken, mit Mozzarella und Basilikum bestreuen. Wieder Zucchinischeiben einlegen und alles wiederholen, bis zu einer letzten Schicht Mozzarella. Mit Parmesan bestreuen und im Ofen 15 Minuten gratinieren, bis die obere Schicht goldbraun wird.

Heiß servieren.

1 ½ kg Zucchini
50 g Mehl
Öl zum Frittieren
350 g Mozzarella
gehacktes Basilikum
geriebener Parmesan

für die sizilianische Sauce:
1 kg Tomaten
2 Knoblauchzehen
Oregano
Chilipulver

Gefüllte Zwiebeln
Cebollas rellenas

Die Zwiebeln schälen, einmal längs einschneiden und in ungesalzenem Wasser 15 Minuten kochen, bis die Häute reichlich Wasser absorbiert haben. Abgießen, abkühlen lassen und die einzelnen Häute voneinander trennen. Die Tomaten in Scheiben schneiden und auf einem Teller zur Seite stellen.

Für die Füllung in einer Schüssel alle Zutaten miteinander vermengen, salzen und pfeffern. Die Zwiebelhäute glatt streichen. Mit einem feuchten Esslöffel kleine Portionen aus der Masse nehmen und daraufsetzen. Die Zwiebelhäute zu kleinen Päckchen falten, in eine eingefettete feuerfeste Form setzen und mit Butter oder Öl bestreichen. Die Tomatenscheiben zwischen die Päckchen legen. Die Form in den vorgeheizten Ofen stellen und die Zwiebeln etwa 40 Minuten garen.

Vor dem Servieren eventuell mit etwas Sahne übergießen.

für 6 Personen

2 große Zwiebeln
2 Tomaten
Butter
Sahne nach Geschmack

für die Füllung:
250 g Ricotta
100 g gehackter Schinken
1 Ei
1 TL Majoran

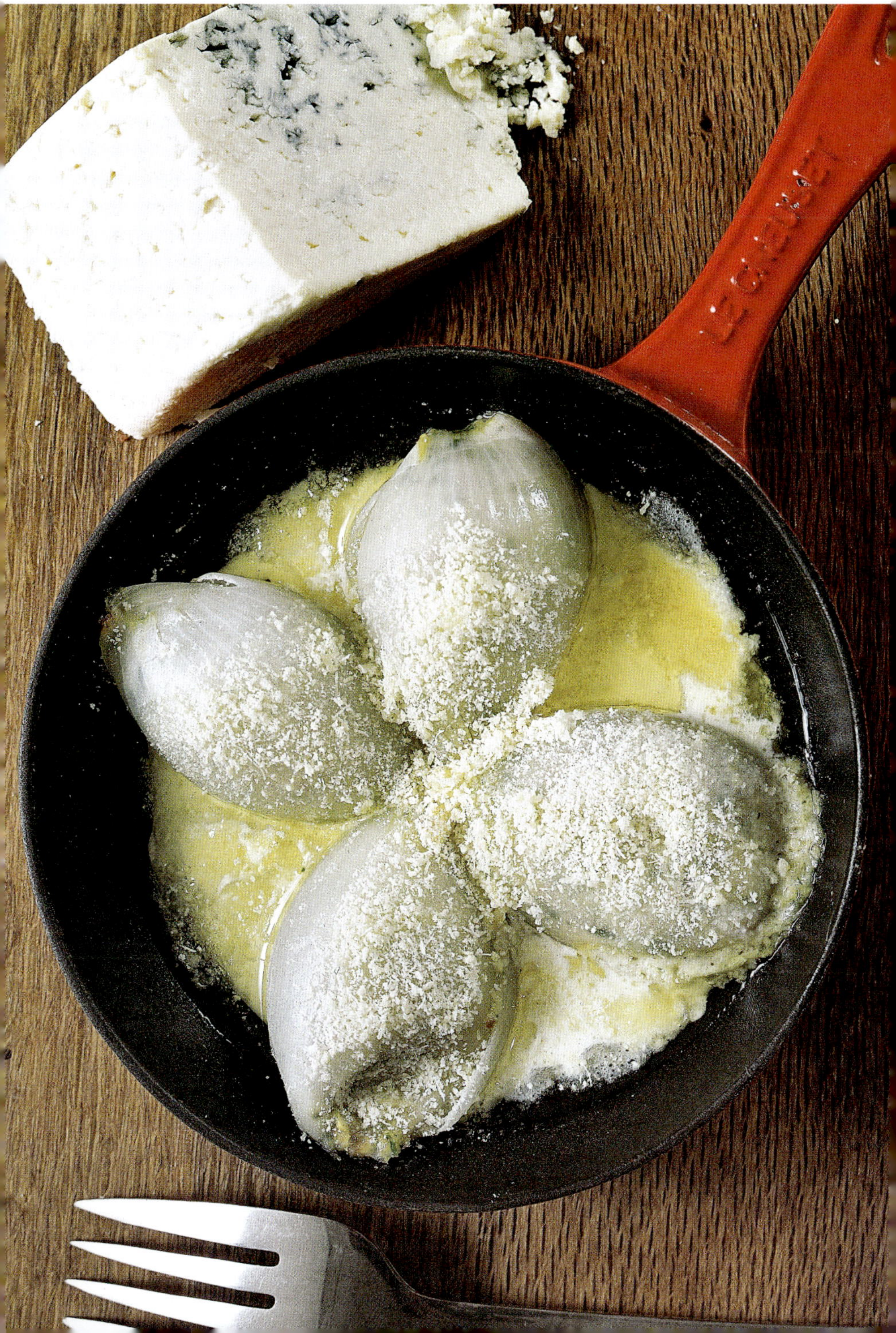

MAISEINTOPF
LOCRO

Den Mais in Wasser 24 Stunden einweichen. Die Bohnen über Nacht ebenfalls in Wasser einweichen.

Am nächsten Tag die Bohnen garen. Das Fleisch in Stücke schneiden.

Den Mais zum Kochen bringen und salzen, bevor er gar ist. Fleisch, Knochen, Darm, Wurst, Charqui und Bohnen zugeben und alles 40 Minuten kochen.

Das Gemüse in Stücke schneiden, zugeben und bei schwacher Hitze gar köcheln. Falls nötig, Wasser zugießen.

Für die Sauce Zwiebel und Chili fein hacken. In einer Pfanne Talg erhitzen und die Zwiebel andünsten, dann den Chili zugeben und beides schmoren, bis sie Farbe annehmen, salzen und pfeffern.

Den Locro sehr heiß in Suppentellern servieren, dazu die Sauce reichen, von der jeder nach Geschmack nehmen kann.

mindestens 1 Tag vorher beginnen

500 g weißer Mais (im Versandhandel erhältlich)
250 g weiße Bohnen
500 g Rindfleisch aus der Keule
200 g Rindfleisch aus der Dünnung
175 g Beinknochen vom Schwein
200 g Dickdarm
1 Chorizo (120 g)
125 g Charqui (getrocknetes Fleisch, ersatzweise Bündnerfleisch, möglichst ungewürzt)
250 g Weißkohl
150 g Süßkartoffeln
150 g Kürbis

für die Sauce:
1 kleine Zwiebel
1 kleine rote Chilischote
75 g Rindertalg*

---

* Rindertalg
Das Fett in kleine Stücke schneiden und in einem Topf zugedeckt bei schwacher Hitze auslassen. Wenn das Fett geschmolzen ist und die Grieben gebräunt sind, diese mit einer Schaumkelle herausnehmen. Einen reifen Apfel in den Topf legen, erneut zudecken und abkühlen lassen. Das Fett wird auf diese Weise weiß und fein, bereit für die berühmten Gerichte aus dem Nordosten Argentiniens. Das Fett sitzt im Bauchlappen des Rindes und bedeckt auch die Niere. Aus 1 kg Fett gewinnt man 350 g geschmolzenen Talg. Man benutzt ihn in der Sauce des Locro und für die Empanadas aus Salta (Seite 100).

MAISPÄCKCHEN
HUMITA EN CHALA

Die Blätter vorsichtig von den Maiskolben
abtrennen, die Maiskörner mit einer Gemüse-
reibe abreiben, die Kolben zur Seite legen. Die
Tomate würfeln. Zwiebel und Chili hacken.
Die Butter zerlassen, Zwiebel und Chili schmoren.
Maiskörner, Milch und Tomate zugeben. Alles
gut vermischen, mit Zucker, Salz und Pfeffer
würzen. Das Basilikum beifügen, die Mischung
vom Herd nehmen und kalt werden lassen.
Immer zwei größere Maisblätter aneinander-
legen und eine Portion der Füllung daraufgeben,
entsprechend der gewünschten Größe. Darauf
ein Stück Käse legen. Die Maisblätter der Länge
nach über die Füllung falten, dann die Enden zur
Mitte hin falten, sodass ein Päckchen entsteht.
Mit Streifen aus kleineren Maisblättern fixieren.
Einen hohen Topf mit den Maiskolben auslegen,
die Päckchen darüberschichten, mit Wasser
bedecken und salzen. Zum Kochen bringen und
sprudelnd kochen – 20 Minuten, wenn der Mais
zart ist, und 30 bis 45 Minuten, wenn er härter
sein sollte.
Heiß servieren.

12 junge zarte Maiskolben
1 Tomate
1 Zwiebel
1 rote Chilischote
40 g Butter
100 ml Milch
Zucker
1 EL gehacktes Basilikum
500 g weißer Ziegenfrischkäse

Artischocken-Tortilla
Tortilla de alcauciles

Die Artischocken abgießen, fein hacken und in eine Schüssel geben. Die Eier schaumig schlagen und untermischen. Die Zwiebel hacken, glasig dünsten, Petersilie und Parmesan zugeben. Die Mischung salzen, pfeffern und gut verrühren. In einer Pfanne von etwa 20 cm Durchmesser Öl stark erhitzen und die Masse hineingeben. Warten, bis die Tortilla fest geworden ist, und vorsichtig umdrehen, damit sie nicht zerreißt. Bei schwacher Hitze fertig garen und auf einen Servierteller geben.

Die Frühlingszwiebeln in dünne Ringe schneiden, die Tomate fein würfeln, mit den Linsen vermischen und nach Geschmack würzen. Die Linsenmischung neben die Tortilla geben und mit dem Petersilienzweig garnieren.

für 6 Personen

1 Dose Artischockenherzen
5 Eier
1 Zwiebel
1 EL gehackte Petersilie
2 EL geriebener Parmesan
Öl
2 Frühlingszwiebeln
1 große Tomate
2 Tassen gekochte Linsen
1 Petersilienzweig

◆

Suppen
Sopas

◆

Einfache und nahrhafte Gerichte
aus Zutaten, die auf allen argentinischen Märkten zu finden sind und
deren Zubereitung nicht viel Zeit
braucht.

KALBFLEISCHKLÖSSCHEN IN GELBER BRÜHE
ALBONDIGUITAS DE TERNERA EN CALDO AMARILLO

Die Brühe vorkochen und gut abseihen. Den Safran darin auflösen.

Währenddessen die Klößchen zubereiten: Alle Zutaten miteinander vermischen, sodass eine gleichmäßige Masse entsteht, mit Salz und Pfeffer würzen. Etwa 3 cm große Bällchen formen und in der heißen Brühe garen.

Sobald die Klößchen gar sind, in der Brühe servieren. Dazu Parmesan reichen.

für 6 Personen

1 ½ l Hühnerbrühe
1 TL Safranpulver oder
  8 Safranfäden
geriebener Parmesan

für die Klößchen:
200 g Kalbshackfleisch
½ TL gehackte Petersilie
1 gehackte Knoblauchzehe
1 EL geriebener Parmesan
½ EL Semmelbrösel
1 Ei
Oregano

Suppe mit Brokkoliröschen und Reis
Sopa con flores de brócoli y arroz

Die Brühe zum Kochen bringen, den vorgegarten Reis (so gibt er beim Kochen keine Stärke ab) sowie die Brokkoliröschen zugeben und köcheln. Kurz vor dem Servieren die Weißbrotscheiben vorbereiten: Von einer Seite rösten, eine Tomatenscheibe auf die geröstete Seite legen, mit Öl beträufeln, mit Parmesan bestreuen und gratinieren.
Sobald der Brokkoli gar ist, die Suppe heiß servieren und die gratinierten Weißbrotscheiben dazu reichen.

1 l Hühnerbrühe
150 g vorgegarter Reis
200 g blanchierte
    Brokkoliröschen
8 Scheiben Weißbrot
8 Tomatenscheiben
Olivenöl
geriebener Parmesan

BOHNEN-SPINAT-SUPPE
SOPA DE HABAS Y ESPINACAS

Die Bohnen etwa 30 Minuten halb gar kochen.
Die Tomaten würfeln. Zwiebel und Knoblauch
hacken.

In einem zweiten Topf Öl erhitzen, Zwiebel und
Knoblauch anbraten. Die Tomaten zugeben.

Die Bohnen mit etwas Kochwasser, der Hühnerbrühe und eventuell Wasser kochen, bis sie gar
sind, aber nicht zerfallen.

Den Spinat in feine Streifen schneiden und kurz
vor dem Servieren zugeben, sodass er bissfest
bleibt.

Heiß servieren, dazu Pfeffer aus der Mühle und
Parmesan reichen.

100 g getrocknete weiße
   Bohnen
2 kleinere Tomaten
1 Zwiebel
2 kleine Knoblauchzehen
Öl
1 ½ TL konzentrierte
   Hühnerbrühe
150 g Spinat
geriebener Parmesan

BAUERNSUPPE
SOPA CAMPESINA

200 g Pilze
200 g weiße Zwiebeln
1 milde Chilischote
    (Chili poblano)
350 g Kürbis- oder Zucchini-
    blüten (vom Markt)
Öl
1 l Hühnerbrühe
150 ml Sahne

Die Pilze in feine Streifen, die Zwiebeln in feine Ringe schneiden. Den Chili rösten, häuten und in feine Streifen schneiden. Die Kürbisblüten von Stielen und Stempeln befreien und ebenfalls in feine Streifen schneiden.

In einem Topf Öl erhitzen und die Zwiebeln glasig dünsten. Pilze und Chili zugeben, salzen und schmoren, bis die Pilze weich werden. Die Brühe angießen und zum Kochen bringen. Die Sahne dazugießen. Kurz vor dem Servieren die Kürbisblüten zugeben.

FISCHSUPPE
SOPA CORAL

Den Fisch filetieren, das Filet in Würfel schneiden und auf einem Teller zur Seite stellen.
Für die Brühe die Reste des Fischs, Sellerie, Zwiebel, Lorbeerblätter und Chili in 2 ½ l Wasser aufsetzen, salzen und 45 Minuten kochen. Dann abseihen, die Fischwürfel zugeben und 10 Minuten in der Brühe kochen.
Währenddessen die Paprika halbieren, entkernen, waschen und in Streifen schneiden. Möhren und Kartoffeln ebenfalls in Streifen, den Porree in Ringe schneiden. Die Tomaten würfeln.
In einem zweiten Topf Öl erhitzen, Paprika, Möhren, Kartoffeln und Porree schmoren. Mit Chili würzen. Sobald das Gemüse weich wird, die Tomaten zugeben und einige Minuten weiterkochen. Die Brühe mit dem Fisch zugeben.
Kurz vor dem Servieren Oliven, Basilikum und die ganzen oder in mundgerechte Stücke geschnittenen Garnelen hinzugeben.

für 6 Personen

1 ganzer Fisch (etwa 450 g)
2 Stangen Sellerie
1 Zwiebel
Lorbeerblätter
Chilipulver
150 g rote Paprikaschote
150 g grüne Paprikaschote
100 g Möhren
100 g Kartoffeln
50 g Porree
500 g Tomaten
Öl
1 EL grüne Oliven ohne Stein
1 EL Basilikumblätter
150 g Garnelen

◆

Salate
Ensaladas

◆

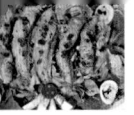

Meeresfrüchtesalat
Ensalada de mariscos

Die Kalmare und den Kraken ausnehmen und waschen. Den Kraken mit einem Küchenhammer schlagen – so werden die Sehnen zerstört und das Fleisch gleichmäßiger gar. In ungesalzenem Wasser mit Lorbeerblättern und Pfefferkörnern etwa 45 Minuten kochen.
Die Kalmare 20 Minuten kochen. Beides abkühlen lassen und in Scheiben schneiden. Die Garnelen ebenfalls 20 Minuten kochen.
Die Muscheln in Dampf kochen und diejenigen aussortieren, die sich dabei nicht öffnen. Die offenen Muscheln abkühlen lassen und das Fleisch aus den Schalen lösen. Einige Muscheln für die Garnierung ganz lassen und zur Seite legen.
Alle Meeresfrüchte in einer großen Schüssel vermischen und mit etwas Salz, Zitronensaft und Öl würzen. Gut verrühren, damit sie die Würze aufnehmen.
Petersilie und Knoblauch fein hacken. Beides mit Chili und Oregano zu den Meeresfrüchten geben. Einige Stunden ziehen lassen.
Kalt servieren und mit Zitronenscheiben und den zur Seite gelegten Muscheln garnieren.

einige Stunden vorher beginnen

1 kg Kalmare
1 kg Krake
Lorbeerblätter
Pfefferkörner
175 g kleine Garnelen
650 g Miesmuscheln
1 Zitrone (Saft)
Olivenöl
1 Bund Petersilie
1 Knoblauchzehe
Chilipulver
Oregano
Zitronenscheiben

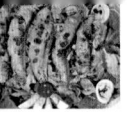

Salat mit gebratenem Lachs
Ensalada de salmón asado

Die Lachsscheiben waschen und trocken tupfen, salzen, pfeffern und mit den Kräutern einreiben. 30 Minuten ruhen lassen, damit sie den Geschmack annehmen.

In einer Pfanne etwas Öl erhitzen und die Lachsscheiben etwa 5 Minuten von jeder Seite braten, dabei immer wieder mit Zitronensaft beträufeln – darauf achten, dass sie den Garpunkt nicht überschreiten.

Den Salat waschen und trocken schleudern. Vier ganze Blätter zur Seite legen, die restlichen in feine Streifen schneiden und mit der Kresse auf einem Servierteller anrichten. Die ganzen Salatblätter darauflegen und alles mit Öl beträufeln. Die Lachsscheiben mittig darauflegen, die in Scheiben geschnittenen Eier und die Cherrytomaten darum herum anordnen. Mit Zitronensaft beträufeln.

Aus Mayonnaise, Kapern und dem gehackten Schnittlauch eine Sauce bereiten und über den Salat gießen, eventuell mit Kaviar bestreuen. Kalt servieren.

Variante
Den Lachs erst kurz vor dem Servieren braten und heiß servieren.

4 Scheiben Lachs (400 g)
Kräuter (Thymian, Oregano,
    Rosmarin, Salbei, Petersilie)
Olivenöl
Zitronensaft
1 kleiner Kopfsalat
Kresse
2 hart gekochte Eier
Cherrytomaten
⅔ Tasse Mayonnaise
Kapern
1 kleines Bund Schnittlauch
Kaviar nach Geschmack

CHICORÉESALAT
ENSALADA DE ENDIBIAS

Die ganzen Chicoréeblätter waschen, trocken tupfen und auf einem Servierteller anrichten. Den Sellerie in feine Scheiben schneiden und in die Mitte geben. Die Tomatenscheiben darum herum anordnen. Den Knoblauch in eine Schüssel pressen. Zwei Drittel der Anchovis abtropfen lassen (der Rest wird nicht benötigt), hacken und zugeben. Essig und Mayonnaise beifügen, zu einer gleichmäßigen Sauce verrühren und über den Salat geben. Die Pinienkerne in einer Pfanne rösten und darüberstreuen.

200 g Chicorée
1 Stange Sellerie
8 Tomatenscheiben
2 kleine Knoblauchzehen
1 kleines Glas Anchovis
2 EL Essig
⅔ Tasse Mayonnaise
70 g Pinienkerne

THUNFISCHSALAT
ENSALADA DE ATÚN

In einer Schüssel den Reis mit Thunfisch und eingelegtem Gemüse mischen. Die Mayonnaise gut untermengen.
Die Mischung in die Mitte eines Serviertellers geben, mit dem in feine Streifen geschnittenen Salat umgeben, einige Oliven auf dem Tellerrand verteilen. Die Tomaten in Scheiben schneiden und auf dem Salat verteilen, mit Öl beträufeln. Die Eier würfeln und darauflegen. Die Anchovis abtropfen lassen, fein hacken und darüber verteilen. Mit Kapern garnieren.
Als kalte Vorspeise servieren.

für 6 Personen

2 Tassen gekochter Reis
2 Dosen Thunfisch
100 g sauer eingelegtes Gemüse
(nicht scharf)
2 Tassen Mayonnaise
1 Kopfsalat
1 EL schwarze Oliven ohne Stein
2 Tomaten
Olivenöl
2 hart gekochte Eier
1 Dose Anchovis
Kapern zum Garnieren

BOHNENSALAT
ENSALADA DE POROTOS

Die Bohnen in Wasser mindestens vier Stunden einweichen. Abgießen und in reichlich Wasser gar kochen – die Kochzeit variiert je nach Sorte. Etwa 10 Minuten vor dem Ende der Kochzeit Salz zugeben.

Die Bohnen vom Herd nehmen, kalt werden lassen und abgießen, dabei etwas Kochwasser auffangen. Die Zwiebeln fein würfeln, die Petersilie hacken. Beides mit den Bohnen samt Kochwasser in eine Schüssel geben, Öl und Essig untermischen, nach Geschmack würzen.

Man kann die Bohnen als Salat servieren, aber auch als Beilage zu Huhn oder Fleisch.

5 Stunden vorher beginnen
für 6 Personen

500 g getrocknete Bohnen
150 g Zwiebeln
25 g Petersilie
150 ml Öl
20 ml Essig

Avocadosalat
Ensalada de paltas

2 kleine grüne Äpfel
200 g Avocado
4 Palmherzen
2 Stangen Sellerie
gehackte Walnusskerne

für die Sauce (Salsa golf):
1 Tasse Mayonnaise
1 ½ EL Ketchup
nach Geschmack: Oregano,
    Kreuzkümmel, Paprikapulver

Die Äpfel schälen, vierteln und die Kerngehäuse entfernen. Die Avocado schälen und den Kern herauslösen. Äpfel, Avocado und Palmherzen in gleich große Scheiben schneiden. Die weißen Teile des Selleries in Scheiben schneiden.
Auf einem großen Servierteller die Avocadoscheiben auf der einen Seite, die Palmherzenscheiben in der Mitte und die Apfelscheiben auf der anderen Seite wie Dachziegel übereinandergelegt anrichten. Alles mit den Selleriescheiben umgeben.
Für die Sauce die Mayonnaise mit dem Ketchup mischen und nach Geschmack würzen. Den Salat mit der Sauce bedecken und mit den Nüssen bestreuen.

SALAT TYRRHENISCHES MEER
ENSALADA TIRRENO

Für das Dressing Chili, Zwiebel und Tomate
fein hacken, Senf, Öl und Essig zugeben. Nach
Geschmack salzen und pfeffern.
Den Salat verlesen, waschen und trocken
schleudern. In einer Schüssel mit dem in Streifen
geschnittenen Käse anrichten. Den Spargel
seitlich garnieren. Die Tomate in halbe Scheiben
schneiden und mit den Alfalfasprossen in der
Mitte anrichten. Mit dem Dressing übergießen
und sofort servieren.

1 Kopfsalat
100 g Manchegokäse
   (im Supermarkt erhältlich)
8 Stangen Spargel
1 Tomate
Alfalfasprossen
   (in Bioläden erhältlich)

für das Dressing:
1 rote Chilischote
1 Zwiebel
1 Tomate
1 EL Senf
1 EL Olivenöl
1 EL Apfelessig

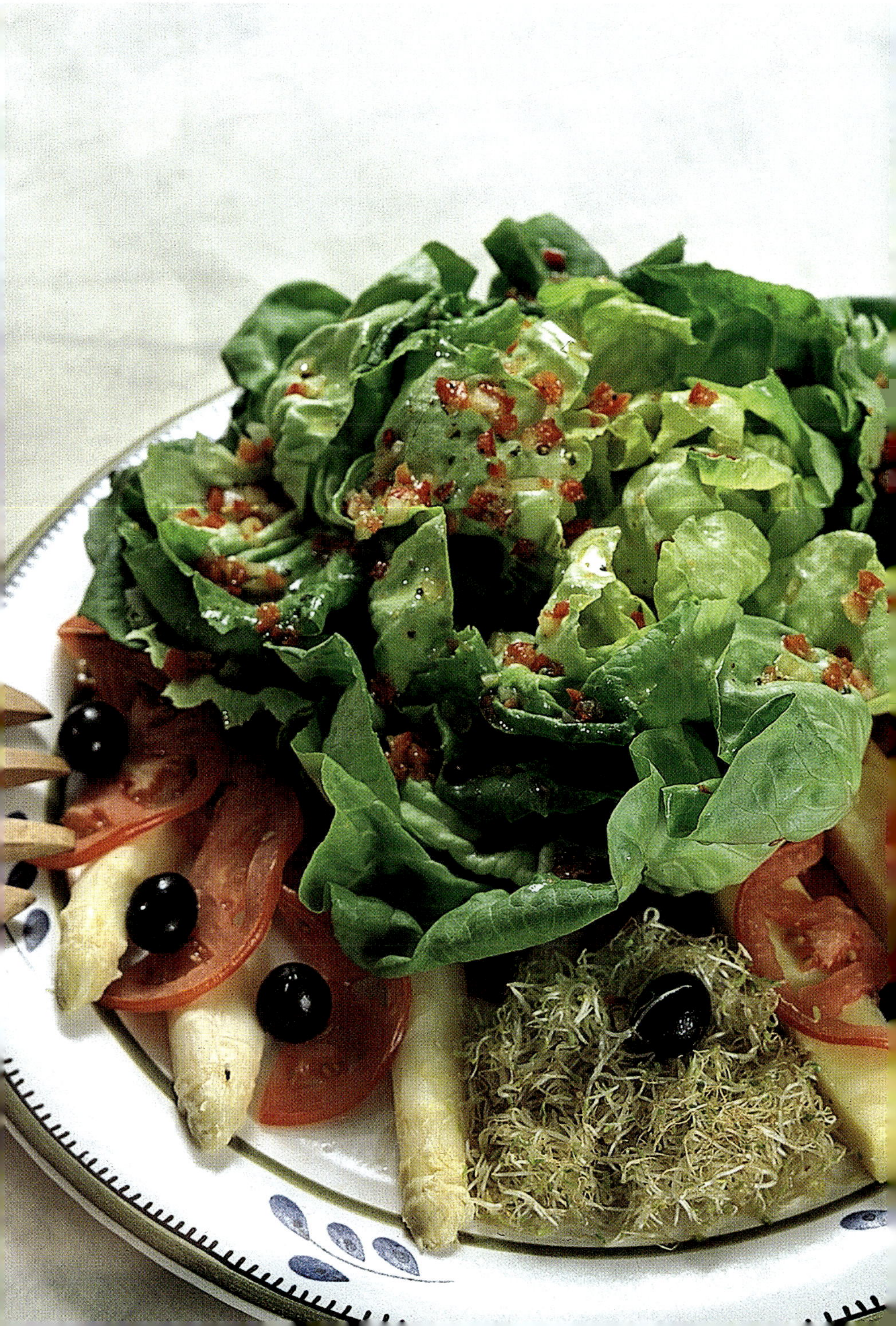

Salat mit geröstetem Knoblauch, Tomaten und Wachteleiern
Ensalada de ajos asados, tomates y huevos de codorniz

Die Tomaten in acht Scheiben schneiden. Den Knoblauch rösten und schälen.
Auf einer Plancha oder in einer Pfanne wenig Öl erhitzen und die Tomaten anbraten. Die Knoblauchzehen kurz in dem Öl erwärmen.
Die Endivie verlesen, waschen und trocken schleudern. Eine große flache Schüssel mit den Blättern auslegen. Den Rotkohl fein hacken und in der Mitte aufhäufen, die Knoblauchzehen darauflegen. Die Tomatenscheiben auf den Endivienblättern verteilen. Nach Geschmack salzen und pfeffern, mit Zitronensaft und Öl beträufeln. Die Wachteleier braten und jeweils auf eine Tomatenscheibe legen. Sofort servieren.

3 Tomaten
2 Knoblauchknollen
Olivenöl
1 Endivie
70 g Rotkohl
Zitronensaft
8 Wachteleier

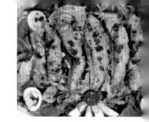

GEFLÜGELSALAT
SALPICÓN DE AVE

für 6 Personen

1 Hühnerbrust
½ Tasse sauer eingelegtes
   Gemüse (nicht scharf)
Kartoffeln
Möhren
Erbsen
2 Tassen Mayonnaise (mit
   Zitrone und Senf gewürzt)
einige Blätter grüner Salat
Fenchel nach Geschmack
Sellerie
1 Tomate
Oliven ohne Stein
2 hart gekochte Eier

Die Hühnerbrust kochen oder braten und erst dann in Würfel schneiden. In eine Schüssel geben und das eingelegte Gemüse zugeben. Geschälte Kartoffeln und Möhren fein würfeln und mit den Erbsen kochen. Abkühlen lassen, zugeben, salzen und pfeffern. Mit 1 Tasse Mayonnaise gut vermischen. Auf einen Teller geben und mit der restlichen Mayonnaise bedecken.

Zum Garnieren den Salat in feine Streifen, den Fenchel in Würfel, Sellerie, Tomate, Oliven und Eier in Scheiben schneiden, alles über die Mischung geben.

Rote-Bete-Salat
Ensalada de remolachas

Die Roten Beten in Wasser kochen – mit Schale und Stielansatz, damit sie ihre Farbe behalten. Abkühlen lassen, schälen und in kleine Würfel schneiden.

Die Äpfel schälen, vierteln und die Kerngehäuse entfernen. Ebenfalls fein würfeln und mit Zitronensaft beträufeln, damit sie nicht braun werden.

Die Nüsse hacken, einige gröber gehackte Stücke zur Seite legen. Mit Roten Beten und Äpfeln in eine Schüssel geben, nach Belieben salzen und pfeffern.

In einer kleinen Schüssel Mayonnaise und Sahne mischen und zu einer gleichmäßigen Sauce aufschlagen. Den Salat damit bedecken und die Walnussstückchen darüberstreuen.

für 6 Personen

2 Rote Bete
2 grüne Äpfel
Zitronensaft
50 g Walnusskerne
½ Tasse Mayonnaise
½ Tasse Sahne

◆

EMPANADAS

◆

Vermutlich hielt man es schon früh
für eine großartige Idee, köstliche
süße und salzige Füllungen mit
Teig aus verschiedenen Getreide-
sorten zu umhüllen – und wenn
auch nur, weil es an Besteck fehlte.
In jeder Ecke Amerikas finden wir
irgendeine Form von Empanadas.
In Argentinien kennt jede Region
ihre typischen Empanadas, mit
unterschiedlichen Geschmacks-
variationen, die von der Geografie
und dem Klima abhängen.

KLEINE OBSTEMPANADAS
EMPANADITAS DE FRUTAS

Für die Füllung die Pfirsichhälften gut abtropfen lassen und klein schneiden. In einer Schüssel mit Marmelade und Nüssen verrühren.

Das mit der Hefe vermischte Mehl auf eine Arbeitsfläche sieben und eine Mulde hineindrücken. Butter in Flöckchen, Zucker und Eigelbe in die Mulde geben und nach und nach mit dem Mehl vermengen. Die Milch zugeben und alles zu einem gleichmäßigen Teig kneten. 20 Minuten gehen lassen.

Den Teig 1 mm dick ausrollen, Kreise von 8 cm Durchmesser ausstechen. Jeweils 1 TL Füllung daraufgeben und gut verschließen. Mit etwas Butter bestreichen, mit Mehl bestäuben und auf ein Backblech legen. Im vorgeheizten Ofen etwa 8 Minuten goldbraun backen.

Die Füllung lässt sich nach Belieben variieren.

für 18 Stück

400 g Mehl
3 TL Trockenhefe
50 g Butter
120 g Zucker
3 Eigelb
½ Tasse Milch

für die Füllung:
3 halbe Pfirsiche in Sirup
150 g Pfirsichmarmelade
20 g gehackte Walnusskerne

Hefeteig für frittierte Empanadas
Masa de levadura para freír

Das Mehl in eine Schüssel geben und mit der
Hefe vermischen, salzen und pfeffern. 350 ml
lauwarmes Wasser zugießen, bis ein Teig entsteht, der nicht sehr fest ist und nicht an den
Händen klebt. Glatt kneten und an einem
warmen Ort abgedeckt etwa 20 Minuten gehen
lassen, bis er sein Volumen verdoppelt hat.
Erneut kneten und weitere 10 Minuten ruhen
lassen.

Den Teig auf einer mit Mehl bestäubten Arbeitsfläche 3 mm dick ausrollen. Kreise von 12 cm
Durchmesser ausstechen, die Reste neu verkneten, wieder ausrollen und weitere Kreise ausstechen, um den ganzen Teig zu nutzen.

Sobald die Hüllen gefüllt und geschlossen sind,
noch einmal gehen lassen, bevor sie frittiert
werden. Das Öl nicht sehr heiß werden lassen,
sodass der Teig gleichmäßig gegart wird.

Soll der Teig eingefroren werden, die doppelte
Menge Hefe verwenden. Nach dem Auftauen
erst weiterverarbeiten, wenn der Teig Zimmer-
temperatur erreicht hat. Eingefroren ist der Teig
drei Monate haltbar.

für 10 Stück

600 g Mehl
20 g Trockenhefe

Sizilianische Empanadas
Empanadas Sicilianas

für 15 Stück

15 Hüllen aus Hefeteig für
  frittierte Empanadas
  (Seite 94)
Öl zum Frittieren
sizilianische Sauce (Seite 181)

für die Füllung:
1 rote Paprikaschote
250 g Manchegokäse (im
  Supermarkt erhältlich)
8 Oliven
15 dünn geschnittene Scheiben
  Schinken (200 g)

Für die Füllung die Paprika im Ofen erhitzen, bis die Haut Blasen schlägt. Herausnehmen, häuten, kalt werden lassen und in feine Streifen schneiden. Den Käse grob reiben. Die Oliven halbieren und entsteinen. Den Schinken in Scheiben schneiden, mit Käse, Paprikastreifen und Olivenhälften bedecken und einrollen.

Den Teig zubereiten, ausrollen und Kreise in der passenden Größe für die Schinkenröllchen ausstechen. Die Füllung daraufgeben, gut verschließen, indem man die Ränder rundherum zusammendrückt, und in heißem Öl goldbraun frittieren.

Mit heißer sizilianischer Sauce übergießen und anrichten.

Vollkornteig für Empanadas
Masa integral para empanadas

Auf einem Backbrett oder einer Arbeitsfläche das Mehl mit Gluten und Salz mischen. Die Butter zugeben und mit einem Spatel oder Messer einarbeiten, bis das Mehl sandig aussieht. Kaltes Wasser einarbeiten, bis ein Teig entsteht, der nicht an den Händen klebt. 30 Minuten ruhen lassen.

Den Teig auf einer mit Mehl bestäubten Arbeitsfläche 1,5 mm dick ausrollen. Kreise von 12 cm Durchmesser ausstechen, die Reste neu verkneten, wieder ausrollen und weitere Kreise ausstechen, um den ganzen Teig zu nutzen.

Dieser Teig kann für frittierte oder im Ofen gebackene Empanadas benutzt werden. Letztere mit zerlassener Butter einstreichen, damit sie goldbraun werden.

für 18 Stück

200 g Weizenmehl
200 g Vollkornweizenmehl
80 g Roggenmehl
eventuell 1 EL Gluten, je nach
　Qualität des Mehls
100 g Butter

Teig für frittierte Empanadas
Masa de empanadas para freír

am Vortag beginnen
für 24 Stück mit 12 cm
  Durchmesser

1 kg Mehl
200 g Butter

Auf einem Backbrett oder einer Arbeitsfläche das Mehl mit Salz mischen. 150 g Butter zugeben und mit einem Spatel oder Messer einarbeiten, bis beides gut miteinander verbunden ist. Nach und nach kaltes Wasser einarbeiten, bis ein Teig entsteht, der nicht an den Händen klebt. 20 Minuten ruhen lassen.

Den Teig zu einer 60 cm langen Platte ausrollen und bis zur Hälfte der Länge mit 25 g Butter bestreichen. Die Teigplatte mit Mehl bestäuben und den Teig über den mit Butter bestrichenen Teil falten. 20 Minuten ruhen lassen. Die letzten Arbeitsschritte wiederholen, dabei die restliche Butter benutzen. Am Ende den Teig zu einer Kugel formen und ruhen lassen.

Den Teig dünn ausrollen und die Kreise entsprechend der Art der Empanadas ausstechen.

Es empfiehlt sich, den Teig einen Tag vor der Zubereitung der Empanadas vorzubereiten und im Kühlschrank ruhen zu lassen. Er eignet sich perfekt zum Einfrieren und ist sechs Monate haltbar.

Variante

Leicht verändert kann man den Teig auch für im Ofen zubereitete Empanadas verwenden. Dazu müssen die folgenden Arbeitsschritte drei Mal wiederholt werden: den Teig ausrollen, zur Hälfte mit Butter bestreichen, mit Mehl bestäuben, übereinanderklappen und 20 Minuten ruhen lassen. So wird er zu einem Blätterteig.

Kleine Spinatempanadas
Empanaditas de espinacas

Der Aperitif vor dem Essen, der von Appetithäpp-
chen begleitet wird, heißt in Argentinien Copetín,
in Mexiko Botana und in Spanien Tapeo.

Auf einem Backbrett oder einer Arbeitsfläche das
Mehl mit Salz und Pfeffer mischen. Die Butter
zugeben und mit einem Spatel oder Messer einarbeiten, bis das Mehl sandig aussieht. Den Käse
untermengen. ½ Tasse kaltes Wasser einarbeiten,
bis ein Teig entsteht, der nicht an den Händen
klebt. Glatt kneten.

Den Teig auf einer mit Mehl bestäubten Arbeitsfläche 2 mm dick ausrollen. Kreise von 8 cm
Durchmesser ausstechen, die Reste neu verkneten, wieder ausrollen und weitere Kreise ausstechen, um den ganzen Teig zu nutzen.

Für die Füllung die Würstchen hacken, die Frühlingszwiebeln in feine Ringe schneiden. In einer
Pfanne Öl erhitzen und die Frühlingszwiebeln
andünsten. Den Spinat zugeben und kurz mit-
dünsten, die Pfanne vom Herd nehmen. Würstchen und Erdnüsse unterrühren, mit Muskat
würzen und abkühlen lassen.

Portionen der Füllung in die Mitte der Teigkreise
geben. Die Empanadas gut verschließen, indem
man die Ränder mit etwas Wasser verklebt, und
in eine feuerfeste Form geben. Auf der Oberseite
mit dem geschlagenen Ei einstreichen und im
vorgeheizten Ofen goldbraun backen.

Heiß oder kalt servieren.

für 18 Stück

200 g Mehl
100 g Butter
120 g Philadelphia-
    oder Schmelzkäse
1 Ei

für die Füllung:
150 g Wiener Würstchen
100 g Frühlingszwiebeln
Öl
150 g Spinatblätter
gehackte Erdnüsse
geriebene Muskatnuss

Empanadas aus Salta
Empanadas Salteñas

Das Mehl in eine Schüssel sieben, mit dem Knethaken langsam die Sole und den Rindertalg einarbeiten. Kneten, bis sich der Teig von der Schüssel löst.

Für die Füllung das Fleisch mit einem scharfen Messer in kleine Stücke schneiden und in eine Schüssel geben. Mit kochendem Wasser übergießen, sofort wieder abgießen und auf einem Teller zur Seite stellen. Die Kartoffel kochen, kalt werden lassen und würfeln. Die Zwiebel fein hacken. In einer Pfanne den Talg erhitzen und die Zwiebel glasig dünsten. Vom Herd nehmen, mit Kreuzkümmel, Chili, Paprika und Salz würzen. Das Fleisch und die Kartoffel zugeben, Brühe zugießen, vermengen und kalt werden lassen – die Füllung lässt sich auch schon am Vortag zubereiten. Die Frühlingszwiebeln fein hacken und die Eier klein schneiden.

Kleine Stücke vom Teig nehmen und mit dem Nudelholz kreisförmig ausrollen. Jeweils 1 EL Füllung daraufgeben, mit Frühlingszwiebeln, Ei und eventuell Rosinen bestreuen. Die Ränder mit Wasser befeuchten, zusammenklappen und mit einer Gabel gut zusammendrücken.

Die Empanadas auf ein Blech legen und im sehr heißen Ofen etwa 10 Minuten backen. Sie können mit einem leicht aufgeschlagenen Ei oder mit Milch eingestrichen werden.

mindestens 2 Stunden vorher
  beginnen
für 36 Stück

1 kg Mehl
1 Tasse heiße Sole*
1 Tasse Rindertalg, geschmolzen
  und lauwarm (Seite 66)

für die Füllung:
1 kg Rindfleisch aus der Keule
1 große Kartoffel
1 Zwiebel
5 EL Rindertalg
Kreuzkümmel
Chilipulver
½ EL Paprikapulver
1 Tasse Brühe
8 Frühlingszwiebeln
4 hart gekochte Eier
Rosinen nach Geschmack

---

* Sole
Für die Sole 2 Tassen Wasser mit 1 EL Salz kochen, bis das Wasser auf die Hälfte reduziert ist.

Empanadas aus Tucumán
Empanadas Tucumanas

Für die Füllung die Frühlingszwiebeln und einen
Teil des grünen Stängels fein hacken. In einem
Topf die Hälfte der Butter zerlassen und die Früh-
lingszwiebeln goldbraun anbraten. Den Topf
vom Herd nehmen und zudecken.
Das Rindfleisch in kleine Stücke schneiden und
von Fett und Sehnen befreien.
Den Topf zurück auf den Herd stellen, die rest-
liche Butter, Fleischstücke, Rosinen, Brühe
und Gewürze zugeben und alles weiterbraten.
Sobald das Fleisch seine Farbe verändert, vom
Herd nehmen und kalt werden lassen. Die Eier
in kleine Würfel schneiden, die Oliven hacken.
Beides zugeben, salzen und pfeffern.
Die Teighüllen vorbereiten und etwas Füllung in
die Mitte jeder Hülle geben. Die Ränder mit einer
Gabel gut zusammendrücken und die Empanadas in nicht zu heißem Öl goldbraun frittieren.
Auf Küchenpapier abtropfen lassen und heiß
servieren.

für 24 Stück

24 Hüllen aus dem Teig
    für frittierte Empanadas
    (Seite 97)
Öl zum Frittieren

für die Füllung:
500 g Frühlingszwiebeln
150 g Butter
500 g Rindfleisch aus der Keule
100 g Rosinen
½ l Fleischbrühe
scharfes Chilipulver
Paprikapulver
Kreuzkümmel
6 hart gekochte Eier
100 g Oliven

Maisbreiempanadas
Empanadas de humita

Für die Füllung den Mais von den Kolben lösen. Ein Viertel der Körner zerdrücken und mit der Milch zu einem Teig vermischen. Den übrigen Mais mit der Mischung zum Kochen bringen. Die Butter zugeben und unter ständigem Rühren weiterkochen, bis der Mais weich und die Mischung genügend eingedickt ist.

Die Paprika halbieren, entkernen, waschen und fein würfeln, die Frühlingszwiebeln in Ringe schneiden.

In einer Kasserolle wenig Fett erhitzen, Frühlingszwiebeln und Paprika dünsten. Wenn sie gar sind, die Maismischung zugeben und gut zu einer gleichmäßigen Masse vermischen. Die Kasserolle vom Herd nehmen, mit Zucker, Muskat, Salz und Pfeffer würzen. Den geriebenen Käse zugeben und gut mischen, sodass er schmilzt und sich mit dem Rest der Zutaten verbindet. Zur Seite stellen und abkühlen lassen.

Die Teighüllen vorbereiten und je 1 EL Füllung in die Mitte jeder Hülle geben. Die Ränder mit einer Gabel gut zusammendrücken und die Empanadas in nicht zu heißem Öl goldbraun frittieren. Heiß servieren.

Humita ist eine Mischung aus Maiskörnern, Milch, Zwiebeln, Paprika und Gewürzen. Sie kann als Beilage zu gebratenem Fleisch oder Huhn dienen. Traditionell wird die Masse jedoch in den Maisblättern gekocht, ähnlich den Tamales (Seite 138).

für 24 Stück

24 Hüllen aus dem Teig
    für frittierte Empanadas
    (Seite 97)
Öl zum Frittieren

für die Füllung:
350 g Maiskolben
½ l Milch
70 g Butter
1 rote Paprikaschote
350 g Frühlingszwiebeln
2 EL Zucker
geriebene Muskatnuss
200 g Manchegokäse
    (im Supermarkt erhältlich)

Apfelempanadas
Empanadas de manzanas

Für die Füllung die ungeschälten Äpfel grob reiben, die Kerngehäuse aussparen. In einen Topf geben und mit Zucker, Zimtstange und Nelken kochen. Die Orangenschale in feine Streifen schneiden und mit dem Orangenlikör zugeben. Nach der halben Kochzeit die Rosinen beifügen. Die fertig gekochte Masse abkühlen lassen, Nüsse und ein wenig Zimt untermischen.
Die Teighüllen vorbereiten, 8 cm große Quadrate ausschneiden und je 1 EL Füllung in die Mitte jedes Quadrats geben. Die Ränder mit einer Gabel gut zusammendrücken und die Empanadas in nicht zu heißem Öl goldbraun frittieren. Auf Küchenpapier abtropfen lassen, mit Puderzucker und Zimt bestäuben. Heiß servieren.

für 18 Stück

18 Hüllen aus dem Teig
    für frittierte Empanadas
    (Seite 97)
Öl zum Frittieren
Puderzucker zum Bestäuben

für die Füllung:
500 g grüne Äpfel
    (Golden Delicious)
100 g Zucker
1 Zimtstange
2 Gewürznelken
1 Stück Orangenschale
1 EL Orangenlikör
10 g Rosinen
10 g Walnusskerne
gemahlener Zimt

SPINATEMPANADAS
EMPANADAS DE ESPINACAS

Für die Füllung den Spinat waschen, gut
abtrocknen und fein hacken. Mit Käse und Sahne
in eine Schüssel geben, nach Geschmack mit
geriebenem Muskat würzen, salzen und pfeffern
und zu einer gleichmäßigen Masse verrühren.
Die Teighüllen vorbereiten und 1 EL Füllung
in die Mitte jeder Hülle geben. Den Rand mit
Wasser befeuchten, zusammenklappen und die
Ränder mit einer Gabel in Form eines Halbkreises
gut zusammendrücken. Die Enden umknicken
und kleine Öhrchen formen. Die Empanadas in
heißem Öl goldbraun frittieren.
Auf Küchenpapier abtropfen lassen und heiß
servieren.

für 15 Stück

15 Hüllen aus dem Teig
   für frittierte Empanadas
   (Seite 97)
Öl zum Frittieren

für die Füllung:
300 g Spinat
150 g Doppelrahmfrischkäse
100 g Sahne
Muskatnuss

VOLLKORNEMPANADAS
EMPANADAS INTEGRALES

für 18 Stück

18 Hüllen aus Vollkornteig
(Seite 96)

für die Füllung:
150 g Vollkornreis
400 g Mangold
300 g Frühlingszwiebeln
mit einem Teil des
grünen Stängels
Öl
Thymian
Muskatnuss

Für die Füllung den Vollkornreis in leicht gesalzenem Wasser gar kochen, mit kaltem Wasser abschrecken und kalt werden lassen. Den Mangold entstielen und hacken, die Frühlingszwiebeln in feine Ringe schneiden.
In einer Pfanne Öl erhitzen, Frühlingszwiebeln und Mangold weich schmoren. Mit Thymian, geriebenem Muskat, Salz und Pfeffer nach Geschmack würzen. Den Reis zugeben, alles zu einer gleichmäßigen Masse verrühren und abkühlen lassen.
Die Teighüllen vorbereiten und 1 EL Füllung in die Mitte jeder Hülle geben. Den Rand mit Wasser befeuchten, zusammenklappen und die Ränder mit einer Gabel gut zusammendrücken. Die Empanadas in heißem Öl goldbraun frittieren.
Auf Küchenpapier abtropfen lassen und heiß servieren.

Variante
Man kann die Empanadas auch im Ofen zubereiten, dafür werden sie mit zerlassener Butter eingestrichen. Sie enthalten dann nur 180 Kalorien, frittierte haben 260.

Empanadas mit Champignons und Käse
Empanadas de champiñón y queso

Für die Füllung die Champignons putzen und in feine Scheiben schneiden. 1 l Wasser mit dem Mehl mischen und die Champignonscheiben darin wenden, damit sie beim Kochen ihre Konsistenz behalten. Abgießen und zur Seite stellen. Den Knoblauch fein hacken.

In einer Pfanne Öl erhitzen und den Knoblauch goldbraun rösten. Oregano und Chili darüberstreuen, die Champignons zugeben und alles schmoren. Die Pfanne vom Herd nehmen, den Käse über die heißen Champignons reiben, damit er mit ihnen verschmilzt. Kalt werden lassen.

Die Teighüllen vorbereiten und etwas Füllung in die Mitte jeder Hülle geben, eventuell mit Nüssen bestreuen. Die Ränder mit einer Gabel gut zusammendrücken und die Empanadas in heißem Öl frittieren.

Auf Küchenpapier abtropfen lassen und heiß servieren.

für 18 Stück

18 Hüllen aus dem Teig
    für frittierte Empanadas
    (Seite 97)
Öl zum Frittieren

für die Füllung:
500 g Champignons
3 EL Mehl
2 Knoblauchzehen
Oregano
Chilipulver
300 g Manchegokäse
    (im Supermarkt erhältlich)

Empanadas mit Huhn
Empanadas de pollo

für 24 Stück

24 Hüllen aus dem Teig
  für frittierte Empanadas
  (Seite 97)
Öl zum Frittieren

für die Füllung:
650 g Hühnerbrust
1 rote Paprikaschote
3 große Tomaten
400 g Frühlingszwiebeln
Öl
Oliven
5 hart gekochte Eier
Oregano
Chilipulver
Lorbeerblätter

Für die Füllung die Hühnerbrust klein schneiden. Die Paprika halbieren, entkernen, waschen und fein würfeln. Die Tomaten häuten und würfeln. Die Frühlingszwiebeln in feine Ringe schneiden. In einer Kasserolle Öl erhitzen und die Paprika anbraten. Die Frühlingszwiebeln hinzufügen. Wenn sie Farbe annehmen, die Tomaten samt Flüssigkeit zugeben. Wenn die Flüssigkeit eingekocht ist und alles eine goldbraune Farbe angenommen hat, die Hühnerbrust zugeben und bei schwacher Hitze garen. Vom Herd nehmen und abkühlen lassen.
Die Oliven halbieren, entsteinen und grob hacken. Die Eier grob hacken. Beides in die Kasserolle geben und mit den anderen Zutaten zu einer gleichmäßigen Masse vermischen.
Die Teighüllen vorbereiten und 1 EL Füllung in die Mitte jeder Hülle geben. Die Ränder mit einer Gabel gut zusammendrücken und die Empanadas in nicht zu heißem Öl goldbraun frittieren. Auf Küchenpapier abtropfen lassen und heiß servieren.

BANANENEMPANADAS
EMPANADAS DE BANANAS

Für die Füllung die Bananen zerdrücken. In einem Topf die Butter zerlassen und das Bananenpüree kochen, mit etwas Zitronensaft beträufeln. Den Zucker zugeben und weiterkochen, bis er schmilzt. Zuletzt die Sahne zugießen, alles gut mischen und kalt werden lassen.
In einem weiteren Topf die Schokolade mit der Milch im Wasserbad schmelzen. Heiß stellen, bis die Empanadas serviert werden.
Die Teighüllen vorbereiten und etwas Füllung in die Mitte jeder Hülle geben, eventuell mit Nüssen bestreuen. Die Ränder mit einer Gabel gut zusammendrücken und die Empanadas in heißem Öl frittieren.
Vor dem Servieren mit der heißen Schokolade übergießen.

für 15 Stück

15 Hüllen aus dem Teig
    für frittierte Empanadas
    (Seite 97)
Öl zum Frittieren

für die Füllung:
500 g Bananen
25 g Butter
Zitronensaft
50 g brauner Zucker
75 ml Sahne
100 g Bitterschokolade
½ Tasse Milch
20 g Walnusskerne nach
    Geschmack

◆

Gegrilltes und Beilagen
La parrilla y sus acompañamientos

◆

GEGRILLTE GEMÜSE
VERDURAS ASADAS

Auberginen, Paprika, Zwiebeln und Tomaten bei nicht zu starker Hitze 30 bis 40 Minuten grillen. Chicorée und Zucchini längs halbieren und erst im letzten Moment dazulegen.
Die fertig gegrillten Gemüse schälen, längs aufschneiden und auf einen Teller legen. Die Tomaten zerkleinern und über dem Gemüse verteilen, die Chicorée an den Rand des Tellers legen. Alles mit Öl beträufeln, mit Knoblauch und Kräutern nach Geschmack würzen.

für 6 Personen

2 Auberginen
2 rote Paprikaschoten
2 Zwiebeln
4 Tomaten
2 Chicorée
2 Zucchini
Öl
gehackter Knoblauch
gehackte Petersilie
Basilikum
Oregano

GEGRILLTE GEFÜLLTE PAPRIKA
PIMIENTOS RELLENOS ASADOS

Die Paprika längs halbieren, entkernen, waschen und die Außenseite einölen.
In einer Schüssel die übrigen Zutaten mischen. Die Paprika damit füllen und auf den Grill legen. Man kann die Paprika auch im Ofen backen.

2 rote Paprikaschoten
2/3 Tasse gekochter Reis
2 Eigelb
3 TL geriebener Parmesan
1 gehackte Knoblauchzehe
1 TL gehackte Petersilie
Salz, Pfeffer

Gegrillter Fenchel
Hinojos asados

Den Fenchel halbieren und in kochendem Wasser
blanchieren. Mit der Innenseite nach unten auf
den Rand des Grills legen, wo er nicht so heiß ist.
In einem Topf die Sahne erhitzen und den
Roquefort darin auflösen.
Wenn der Fenchel auf der einen Seite fertig ist,
umdrehen und mit etwas Sauce beträufeln. Die
restliche Sauce zur Seite stellen und erst beim
Servieren über den Fenchel gießen.
Die gegrillten Gemüse eignen sich ideal als Beilage zu Grillfleisch.

2 Fenchelknollen
70 ml Sahne
35 g Roquefort

GEGRILLTE ZWIEBELN
CEBOLLAS ASADAS

4 Zwiebeln
Öl

Die Zwiebeln mit Schale direkt auf die Glut legen, bis sie sich weich anfühlen, wenn man sie zusammendrückt. Wenn sie fertig sind, ein bis zwei Häute abschälen und die Zwiebeln in der Mitte durchschneiden. Mit etwas Salz und Öl würzen.

HÜHNERSPIESSCHEN
BROCHETITAS DE POLLO

Die Hühnerbrust häuten und in etwa 2 cm
breite Würfel schneiden. Die Paprika halbieren,
entkernen, waschen und in 2 cm große Stücke
schneiden. Speck und Zwiebel ebenfalls in
Stücke von 2 cm Kantenlänge schneiden. Die
Champignons in etwas gröbere Scheiben schneiden. Alles abwechselnd auf Spieße stecken, nach
Belieben salzen und pfeffern, zur Seite legen.
Für die Marinade den Senf im Orangensaft auflösen, salzen und pfeffern. Die Spießchen auf
den Grill legen und bei mittlerer Hitze grillen.
Wenn sie anfangen zu garen, immer wieder mit
der Marinade einstreichen. Dazu einen nur mit
Zitrone angemachten Salat aus Kresse, Chicorée,
Stangensellerie und Kopfsalat servieren.

für 6 Personen

500 g Hühnerbrust
1 große rote Paprikaschote
100 g Speck
1 Zwiebel
100 g Champignons
1 EL Senf
1 Tasse Orangensaft

GEGRILLTES HUHN
POLLO A LA PARRILLA

Die Hühnchen an der Wirbelsäule entlang
durchschneiden, waschen, säubern und trocken
tupfen. Aus Zitronensaft, Öl, gehacktem Knoblauch, Oregano, Salz und Pfeffer eine Marinade
zubereiten und die Hühnchen damit einstreichen. Die Hühnchen mit der Hautseite auf den
Grill legen und sie umdrehen, wenn sie goldbraun sind, dabei mehrmals mit der Marinade
einstreichen. Man kann die Hühnchen auch ohne
Knochen grillen, das verkürzt die Garzeit.

2 Hühnchen
Zitronensaft
Öl
1 Knoblauchzehe
frisch gehackter Oregano

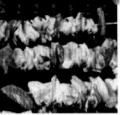

Pizza auf dem Grill
Pizza a la parrilla

Das Mehl auf eine Arbeitsfläche sieben und eine Mulde hineindrücken. Hefe, Zucker und 2 TL Salz in die Mulde geben. Nach und nach lauwarmes Wasser dazugießen und die Zutaten darin auflösen, alles gut verkneten. Den Teig an einem warmen Ort gehen lassen, bis er sein Volumen verdoppelt hat. Erneut kneten und weitere 5 Minuten ruhen lassen.

Die Tomate würfeln, die Frühlingszwiebeln fein hacken.

Den Teig zu einem Fladen von 30 cm Durchmesser ausrollen. Eine Form oder ein kleines Blech mit Öl bestreichen, den Fladen hineinlegen und etwa 4 Minuten auf den Grill stellen, damit er etwas bräunt. Die Pizza wenden und gleichmäßig mit Tomaten, Käse, Basilikum, Anchovis, Oliven, Frühlingszwiebeln, Oregano und Chili belegen und garen, bis der Teig fest geworden ist. Die Pizza aus der Form nehmen, direkt auf den Grill legen, mit Öl beträufeln und weitere 10 Minuten grillen.

Diese Pizza wird auf dem gleichen Grill zubereitet, auf dem auch das Fleisch gegrillt wird. Sie ist ideal als Vorspeise einer Parrillada (Seite 122).

für 6 Personen

500 g Mehl
50 g frische Hefe
1 EL Zucker
Tomate
Frühlingszwiebeln
Olivenöl
Käse
Basilikum
Anchovis
Oliven
Oregano
Chilipulver

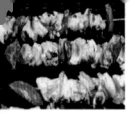

Klassischer Grill
Parrilladas clásicas

*Das argentinische Wort für Innereien, »achura«,
ist araukanischen Ursprungs und bedeutet, »was
man nicht braucht«, denn der Gaucho grillte nur
die Rippchen und warf den Rest weg.*

Die Innereien waschen, die Briese von über-
schüssigem Fett befreien, die feine Haut von den
Nieren und den Eutern abziehen. Die Innereien
in Essig mit grob gehackter Petersilie und Knob-
lauch einlegen.
Auf einer Seite des Grills ein Holzfeuer anzünden
und die entstehende Glut nach Bedarf unter
dem Grill verteilen.
Zuerst das Fleisch auf den Grill legen – wenn es
Knochen hat, mit diesen nach unten. Während
des Grillprozesses das Fleisch nach Belieben mit
Chimichurrisauce einreiben. Erst nach der halben
Garzeit salzen, damit es nicht trocken wird.
Die Euter, den Dünndarm und die Chorizos auf
den Grill legen, ein paar Minuten später den
Rest der Innereien und zuletzt die Blutwürste,
die nur heiß werden müssen. Das Grillgut nicht
zu häufig bewegen, denn Schnitte und Stiche
führen dazu, dass es seinen Saft verliert.
Zuerst die Innereien und die Würste servieren,
dazu kreolische Sauce oder Chimichurri reichen.
Danach das Fleisch anrichten.
Zum Grillgut schmecken frische grüne Salate und
natürlich ein guter Rotwein.

mindestens 4 Stunden vorher
   beginnen
für 10 Personen

1 ½ kg Achura: 2 Nieren, 2 Bries,
   2 Euter, 1 kg Dünndarm
Essig
Petersilie
3-4 Knoblauchzehen
5 kg Grillfleisch mit Knochen
3 kg Dünnung (Brustfleisch)
Chimichurrisauce (Seite 134)
grobes Salz
10 Chorizos
10 Blutwürste (Morcilla)
kreolische Sauce (Seite 133)
   oder Chimichurri (Seite 131)

Gegrillter Fisch
Pescado a la parrilla

Den Fisch der Länge nach aufschneiden, Wirbelsäule und Gräten entfernen, nicht aber Kopf und
Schwanz.

Den Fisch mit Zitronensaft würzen, salzen und
pfeffern. Das Chimichurri erst nach der halben
Garzeit hinzufügen. Diese hängt von der Größe
des Fisches ab – wenn er weiß wird, ist er gar.
Direkt vom Grill aus die Portionen verteilen, die
Haut bleibt dabei liegen.

Man kann Fische aller Größen grillen: kleine bei
starker, große bei mittlerer Hitze. Die Haut nicht
entfernen, so wird der Fisch auch ohne den Ein-
satz von Aluminiumfolie nicht trocken.

1 Fisch (etwa 1.300 g)
Zitronensaft nach Geschmack
Chimichurri nach Geschmack
  (Seite 131)

GEGRILLTES OBST
FRUTAS A LA PARRILLA

Die Früchte waschen und längs halbieren. Mit der Schale nach oben auf den Grill legen und bei mittlerer Hitze 10 Minuten grillen. Umdrehen, mit Sirup einstreichen und weitere 10 Minuten grillen.
Die Früchte lauwarm mit Eis oder leicht gezuckerter Schlagsahne servieren.

für 6 Personen

1 Ananas
2 Bananen
2 Äpfel
2 Pfirsiche
1 Tasse Sirup
Vanilleeis oder Sahne

GEGRILLTE NIEREN
RIÑONES ASADOS

8 kleine rosafarbene Nieren
Essig
300 ml Rotwein

Die Nieren in mit Essig versetztem Wasser mehrmals gründlich waschen. Häuten, in der Mitte
durchschneiden, salzen und pfeffern. In Rotwein 15 Minuten marinieren, abgießen und gut
abtropfen lassen.
Die Nieren auf den sehr heißen Grill legen, regelmäßig wenden, damit sie nicht austrocknen,
und gleichmäßig garen.
Mit grünem Salat und Chimichurri (Seite 131)
servieren.

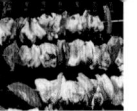

Gegrillter Fisch mit Garnelen
Pescado asado con camarones

Den Fisch auf ein größeres Stück Aluminiumfolie legen, nach Belieben salzen, pfeffern und mit Chili, Knoblauch, Petersilie und Frühlingszwiebeln von außen und innen würzen. Die Tomaten in Scheiben schneiden und mit den Garnelen auf und in dem Fisch verteilen. Mit Weißwein beträufeln und die Aluminiumfolie verschließen. Auf den Grill legen und etwa 30 Minuten garen. Währenddessen die Kartoffeln gründlich waschen und trocken tupfen. Mit Öl bestreichen und in Aluminiumfolie wickeln. Direkt auf die mittelstark glühenden Kohlen legen und 20 Minuten garen. Für die Garprobe mit der Gabel anstechen.

Die Kartoffeln auswickeln, auf der Oberseite einschneiden, je 1 TL Butter mit Kräutern, Salz und Pfeffer daraufgeben.

Den Fisch auswickeln und mit den Kartoffeln heiß servieren.

Variante
Man kann das Gericht auch im Ofen garen, beide Formen der Zubereitung sind gesund und kalorienarm.

für 6 Personen

1 Fisch (1 ½ kg), ausgenommen, aber mit Kopf und Haut
Chilipulver
Knoblauchzehen
Petersilie
Frühlingszwiebeln
Tomaten
150 g geschälte Garnelen
Weißwein
kleinere Kartoffeln
Olivenöl
Butter
Kräuter nach Belieben

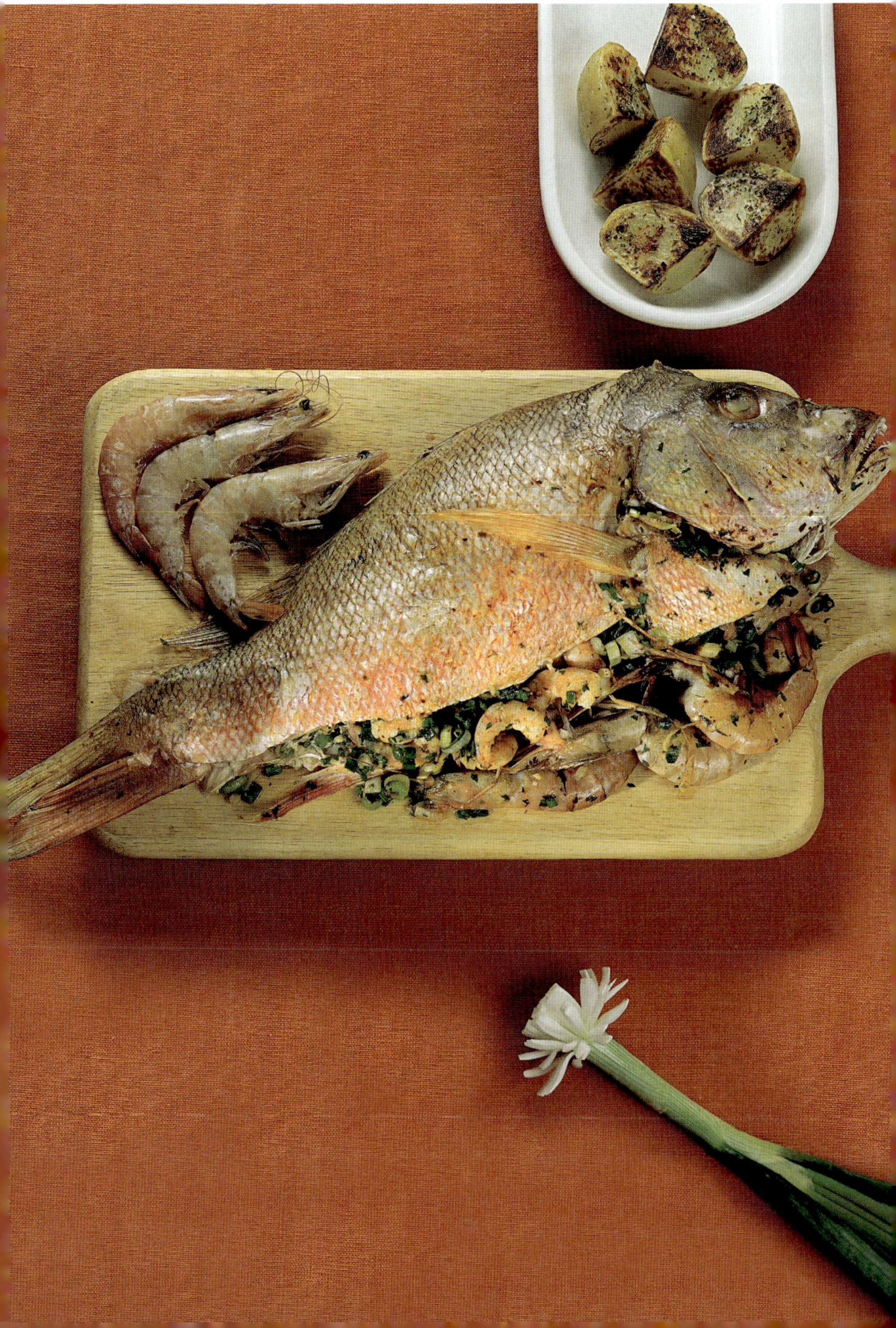

GEGRILLTE LAMMKEULE
PIERNA DE CORDERO ASADA

Die Lammkeule salzen und auf einem Holz- oder Kohlenfeuer langsam etwa drei Stunden grillen – wenn möglich, sie an einem Haken über die Glut hängen. Während des Grillvorgangs das Fleisch mehrmals mit zerlassener Butter einstreichen und regelmäßig drehen, damit es von allen Seiten gleichmäßig gart.
Die Lammkeule mit einem frisch zubereiteten Minz-Chimichurri reichen. Dafür alle Zutaten miteinander vermischen.

mindestens 3 Stunden vorher
  beginnen
für 3 Personen

1 Lammkeule
Butter

für das Minz-Chimichurri:
1 Tasse Sole (Seite 100)
2 gehackte Frühlingszwiebeln
1 EL gehackte Petersilie
1 gehackte Knoblauchzehe
2 EL gehackte Minzblätter
1 EL Avocadopüree
1 EL Weißwein
1 EL Olivenöl
gemahlener Pfeffer

AUSGEBACKENE TOMATEN
BUÑUELOS DE TOMATE

Die Tomaten in 1 cm dicke Scheiben schneiden, salzen, pfeffern und auf einem Teller zur Seite stellen.
Eier und Maisstärke zu einem Teig verrühren, Parmesan, Oregano und gehackte Petersilie zugeben. Die Tomaten in diesem Teig wenden und in heißem Öl ausbacken.
Die Tomaten eignen sich ideal als Beilage zu gegrilltem Fleisch, Schnitzel etc.

für 6 Personen

4 kleine Tomaten
2 Eier
2 EL Maisstärke
2 EL geriebener Parmesan
Oregano
Petersilie
Öl zum Ausbacken

CHIMICHURRI

für 10 Personen

250 g Petersilie
100 g Knoblauchzehen
100 g geriebene Möhren
8 Frühlingszwiebeln mit einem
   Teil des grünen Stängels
2 EL Thymian
2 EL Oregano
4 Lorbeerblätter
1 EL Kreuzkümmel
1 EL edelsüßes Paprikapulver
1 EL Chilipulver
Pfeffer
600 ml Öl
600 ml Essig
1 Tasse Sole (Seite 100)

Alle Zutaten fein hacken, mit Gewürzen, Essig,
Öl und Sole mischen, mindestens eine Stunde
ziehen lassen.

Man kann auch Majoran, Rosmarin und Basilikum zugeben und andere Kräuter weglassen.
Jeder hat seine eigene Chimichurri-Mischung, zu
der aber immer Essig, Öl und Gewürze gehören.

Einfache Knoblauchmayonnaise
Mayonesa fácil al ajo

Das Eigelb in eine Schüssel geben, mit einer Gabel zerdrücken und das Öl untermischen. Den zerdrückten Knoblauch zugeben und gut miteinander verschlagen. Senf, Mayonnaise, ein paar Tropfen Zitronensaft und nach Belieben grob gemahlenen Pfeffer zugeben und zu einer gleichmäßigen Sauce verrühren.

1 gekochtes Eigelb
2 EL Olivenöl
2 Knoblauchzehen
Senf
1 Tasse Mayonnaise
   (aus dem Glas)
Zitronensaft

Pistazienmayonnaise
Mayonesa de pistachos

Für die klassische hausgemachte Mayonnaise das gekochte Eigelb in eine Schüssel geben, mit einer Gabel zerdrücken und ein wenig Öl untermischen. Die rohen Eigelbe zugeben und mit einem Rührgerät oder Pürierstab immer weiter schlagen, dabei tröpfchenweise den Rest des Öls zugießen. Die übrigen Zutaten beifügen, würzen und gut umrühren.
Zugedeckt im Kühlschrank aufbewahren.
Die Pistazienmayonnaise ist ideal, um Nudelsalate mit Meeresfrüchten oder Nudelsalate mit Gemüse anzumachen.

für 4-6 Personen

1 gekochtes Eigelb
1 Tasse Olivenöl
2 rohe Eigelb
1 EL gehacktes Basilikum
1 EL Thymian
3 EL gemahlene Pistazien

AUBERGINENPASTE
PASTA DE BERENJENAS

für 6 Personen

2 gegrillte Auberginen
Olivenöl
2 Knoblauchzehen
einige Basilikum- oder
  Minzeblätter
gehackte Petersilie
1 Zitrone (Saft)

Die längs halbierten Auberginen weich grillen.
Das Fruchtfleisch herauslösen und mit 2 EL Öl
pürieren.
Den zerdrückten Knoblauch, Basilikum, Petersilie, Zitronensaft und etwas Öl zugeben und alles
zu einer gleichmäßigen Mischung verrühren.
Als Dip servieren oder Gemüse damit anmachen.

KREOLISCHE SAUCE
SALSA CRIOLLA

für 8 Personen

2 rote Paprikaschoten
2 Tomaten
2 Zwiebeln
2 Knoblauchzehen
1 TL Oregano
Paprikapulver
Chilipulver
1 Tasse Öl
1 Tasse Essig
1 EL gehackte Petersilie

Die Paprika halbieren, entkernen, waschen und
in Streifen schneiden. Die Tomaten in Scheiben
schneiden und dann vierteln. Die Zwiebeln grob
hacken. Den Knoblauch in feine Scheiben schneiden. Alles in eine Schüssel geben, nach Belieben
würzen und salzen. Mit Öl und Essig übergießen
und gut mischen. Kurz vor dem Servieren die
Petersilie und, wenn nötig, ein wenig Pfeffer
zugeben.

*Die Sauce erst kurz vor dem Servieren zubereiten,
denn ihr Glanz liegt in der Frische.*

CHIMICHURRISAUCE
SALSA CHIMICHURRI

Den Knoblauch schälen und die Zehen zerdrücken. Alle Zutaten unter die Sole mischen und an einem kühlen und trockenen Ort einen Tag ziehen lassen.
Mit dieser Sauce streicht man das Grillgut während des Grillens ein. Es dient als Marinade für Chorizos, Därme etc.

am Vortag beginnen
für ½ l Sauce

1 Knoblauchknolle
3 TL Chilipulver
6 Lorbeerblätter
½ Tasse Weinessig
4 EL Öl
2 TL Oregano
1 Rosmarinzweig
1 Petersilienzweig
½ l kalte Sole (Seite 100)

◆

Traditionelle Gerichte
Platos tradicionales

◆

In diesem Kapitel finden Sie
regionale argentinische Gerichte.

◆

Fleisch
Carnes

◆

Lammrippen auf patagonische Art
Corderito Patagónico con cebolla

*Das Gericht ist heute eines der bekanntesten des
andinen Patagonien und dort in jedem guten
Restaurant erhältlich.*

In einem Topf Öl erhitzen und die Rippen von
beiden Seiten goldbraun anbraten. Herausnehmen und in eine gut eingefettete feuerfeste
Form geben.

Die Chili halbieren, entkernen, waschen und fein
hacken. Zwei Zwiebeln in feine Ringe schneiden,
eine Zwiebel und den Knoblauch fein hacken.
Den Schinken fein hacken.

In einem Topf Öl erhitzen, die gehackte Zwiebel
und den Knoblauch glasig dünsten. Die Chili
zufügen, weitere 3 Minuten dünsten. Schinken,
Käse, Eigelbe, Sahne, Petersilie, Salz und Pfeffer
unterziehen. Bei schwacher Hitze unter ständigem Rühren 3 Minuten köcheln.

Die Paste auf den Rippen verteilen, mit Zwiebelringen belegen und mit zerlassener Butter
übergießen. Im Ofen bei 200° C 20 Minuten
überbacken.

4 EL ÖL
8 einzelne Lammrippen
1 scharfe rote Chilischote
3 Zwiebeln
2 Knoblauchzehen
75 g Schinken
6 EL geriebener Käse
2 Eigelb
⅛ l Sahne
1 EL fein gehackte Petersilie
50 g Butter

Lammkoteletts in Dill
Costillar de cordero al eneldo

1 ½ kg Lammkotelett am Stück
1 Bund Dill
1 Lorbeerblatt

für die Sauce:
100 g Butter
4 EL Weizenmehl
3 EL Zitronensaft
2 TL Zucker
1 Eigelb
2 EL saure Sahne
2 EL fein gehackter frischer Dill

Das Fleisch gründlich mit Salz und Pfeffer einreiben. Den Dill fein hacken. Das Fleisch mit Dill und Lorbeerblatt in einem großen Topf mit Wasser bedeckt eine Stunde kochen, bis es gar und zart ist. Zu Beginn des Kochvorgangs zwei- oder dreimal den sich bildenden Schaum abschöpfen. Das gare Fleisch warm stellen, die Brühe durchsieben und ½ l auffangen.

Für die Sauce in einer Pfanne die Butter zerlassen, das Mehl einrühren und unter Rühren erhitzen, bis eine glatte Masse entsteht. Brühe zugießen, unter ständigem Rühren weitere 2 Minuten kochen, die restlichen Zutaten einrühren.

Das Lammfleisch portionsweise aufschneiden und mit einem Teil der Sauce servieren, die restliche Sauce getrennt dazu reichen.

Dazu schmecken Bohnen oder Kürbis, Reis, Kartoffeln oder Salat.

Maispasteten
Tamales

Die Kichererbsen über Nacht in reichlich kaltem
Wasser einweichen.
Am nächsten Tag mit frischem Wasser bei schwacher Hitze eine bis anderthalb Stunden weich
kochen.
Das Maismehl nach Anleitung mit lauwarmem
Wasser mischen (meist im Verhältnis 1:1), leicht
durchkneten und ruhen lassen. Die Erbsen
kochen. Hühnerfleisch und Rippen in 5 mal 5 cm
große Stücke hacken und in wenig Salzwasser
garen. Etwas Öl erhitzen und das Hackfleisch
anbraten.
Das Maismehl mit allen Zutaten mischen, mit
Salz und Pfeffer abschmecken, eine Stunde
ruhen lassen.
Die Kochbananenblätter 1 Minute in kochendes
Wasser geben, damit sie geschmeidig werden,
mit Öl einfetten und zurechtschneiden. 100 bis
130 g Füllung auf jedes Blatt geben, zweimal
einschlagen und mit Zwirn kreuzweise gut verschnüren.
Einen großen Topf mit Resten von Kochbananenblättern auslegen und die Tamales daraufsetzen.
Heißes Wasser mit einem Schuss Öl zugießen
und die Tamales anderthalb Stunden kochen.
Dabei zwei- bis dreimal umschichten, damit alle
gleich gut gegart werden.

am Vortag beginnen,
   3 Stunden Kochzeit
für 16-20 Stück

250 g Kichererbsen
500 g vorgekochtes Maismehl
   (im Asia-Shop erhältlich)
250 g frische grüne Erbsen
500 g Hühnerfleisch mit
   Knochen
500 g Schweinerippen
Öl
250 g Hackfleisch
375 ml Würzsauce Hogao
   (Seite 182)
etwa 5 Kochbananenblätter, aus
   denen sich 30 x 30 cm große
   Stücke schneiden lassen
   (im Asia-Shop erhältlich)

Varianten

- Statt Erbsen und Kichererbsen 500 g gekochtes
und gewürfeltes Kürbisfleisch und zwei in feine
Scheiben geschnittene und gekochte Möhren
unter die Maismasse mischen.
- Der eigenen Kreativität sind bei der Füllung der
Maispasteten keine Grenzen gesetzt. Von Kolum-
bien bis ins südliche Argentinien findet man die
verschiedensten Varianten. Allerdings werden
in Argentinien die Tamales (Humitas) nicht wie
in den anderen lateinamerikanischen Ländern
gefüllt, sondern die Maismasse wird mit den zer-
kleinerten und angebratenen Zutaten zu einem
Teig verknetet und als Ganzes in die Maisblätter
eingeschlagen und gegart. Gelegentlich knetet
man auch geriebenen Käse unter. Oder der
gewürzte Maisbrei wird im Topf unter Rühren
gekocht und nach dem Abkühlen zu einem
großen oder mehreren kleinen Broten geformt,
in einen Biskuitteig gefüllt und überbacken.

Eintopfgericht der Mapuche-Indianer Charquicán

Das Fleisch in 1 cm dicke, 1 cm breite und 2 cm lange Stücke schneiden und in 1 ½ l Wasser weich kochen, dabei immer wieder den Schaum abschöpfen.

Kürbis und Kartoffeln schälen und grob würfeln. Die Möhren in grobe Stücke schneiden. In einem geschlossenen Topf, möglichst in einem Dampfeinsatz, über 2 bis 3 Glas Wasser garen. Nach etwa 10 Minuten Maiskörner und grüne Bohnen zugeben. Das Gemüse soll bissfest bleiben.

Zwiebel und Knoblauch fein hacken. Öl erhitzen, Zwiebel, Knoblauch und Chili glasig dünsten. Fleischstücke, Charqui, restliche Gewürze und Salz zugeben. ¾ l Kochwasser zugießen und alles langsam kochen, bis eine klare Sauce entsteht, 10 Minuten ziehen lassen.

Das Gemüse mit einem Schaumlöffel vorsichtig in einen sauberen Topf geben, die Fleischsauce darübergießen und vorsichtig unterheben – das Gemüse darf nicht breiig werden! Weitere 5 Minuten ziehen lassen und heiß servieren.

Varianten
Mit einem frischen Spiegelei darüber auf jedem Teller anrichten. Auch Essig-Perlzwiebeln passen gut zu diesem Gericht.

für 4 große oder 6 kleinere
  Portionen

400 g Rindfleisch (Kochfleisch)
300 g frischer Kürbis
12 kleine Kartoffeln
5 Möhren
2 Kolben süßer Mais (Körner)
2 Handvoll grüne Bohnen
1 große Zwiebel
1 Knoblauchzehe
2 EL Öl
2 EL gemahlene rote Chilischote
  oder 1 TL Chilipulver
100 g Charqui (getrocknetes
  Fleisch, ersatzweise Bündnerfleisch, möglichst ungewürzt)
1 TL Kreuzkümmelpulver
1 TL Oregano
1 TL Pfeffersauce oder Tabasco

Eintopf aus Bein vom Rind Patasca

500 g Beinfleisch vom Rind
250 g Pansen vom Rind
1 TL Natron
2 Kartoffeln
4 milde Chilischoten
2 EL Schmalz
250 g gekochte unreife weiße
   Maiskörner oder gelber Mais
1 TL Paprikapulver
1 EL fein gehackte frische Minze

Das Beinfleisch und besonders den Pansen gründlich mit lauwarmem Wasser waschen. Im Schnellkochtopf in reichlich Wasser mit Natron etwa eine Stunde weich kochen. Abtropfen lassen und in portionsgerechte Stücke schneiden. Die Kartoffeln schälen und würfeln. Die Chili halbieren, entkernen, waschen und fein hacken.
In einem großen Topf Schmalz zerlassen, Kartoffeln, Chili, Mais, Fleisch und Paprika zugeben.
1 l heißes Wasser angießen und aufkochen.
Salzen, pfeffern und bei schwacher Hitze
40 Minuten köcheln.
Mit Minze bestreut servieren.

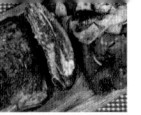

Eintopf im Kürbis
Carbonada en zapallo

Die Carbonada, ein traditionelles Gericht aus dem Landesinneren, auf diese originelle Art zu präsentieren macht sie zu einem Blickfang Ihres Buffets. Halb Eintopf, halb Suppe, ist sie eine perfekte Beilage zu anderen Gerichten.

Den Kürbis waschen, trocken tupfen und auf der Oberseite einen Deckel abschneiden. Entkernen und von innen mit Butter einfetten. Mit Zucker bestreuen und mit Milch beträufeln. Dabei kleine Schnitte in die Kürbiswand machen, damit die Frucht den Geschmack gut aufnehmen kann. Den Deckel daraufsetzen und den Kürbis im Ofen bei mittlerer Hitze eine Stunde backen. Währenddessen die Maiskolben in kleine Stücke schneiden und kurz weich kochen. Auf einem Teller zur Seite stellen. In einer Pfanne 2 EL Öl erhitzen und den Reis bräunen. Auf einem Teller zur Seite stellen. Zwiebel und Chili fein hacken. In einer Kasserolle das restliche Öl erhitzen, Zwiebel und Chili anbraten. Das Fleisch in Würfel schneiden und zugeben. Die Tomaten häuten, halbieren, entkernen und klein schneiden. Zum Fleisch geben, wenn dieses Farbe angenommen hat. Den Wein angießen, mit Salz, Pfeffer und Zucker würzen. Zugedeckt weitere 20 Minuten kochen. Den Reis zugeben und weitere 5 Minuten kochen. Zuletzt die Maiskolben beifügen und die Mischung in den Kürbis füllen. Den Kürbis für weitere 15 Minuten in den Ofen geben. Beim Servieren Stücke vom Kürbis mit herauslösen.

für 4-6 Personen

1 Riesenkürbis (etwa 5 kg)
Butter
1 EL Zucker
½ Tasse Milch
3 Maiskolben
1 Tasse Öl
½ Tasse Reis
1 Zwiebel
2 Chilischoten
500 g Kalbfleisch
2 Tomaten
1 Glas Weißwein

FLEISCHEINTOPF
PUCHERO DE CARNE

Die Kichererbsen über Nacht einweichen.
Am nächsten Tag in einem großen Topf das
Fleisch mit Knochen und Markknochen in Wasser
kochen, dabei immer wieder den Schaum
abschöpfen.
Währenddessen in einem zweiten Topf die
Kichererbsen aufsetzen und in Salzwasser gar
kochen. Die Maiskolben in Stücke zerteilen und
in einem dritten Topf weich kochen.
Kohl, Porree, Sellerie und Zwiebel in Scheiben
oder Würfel schneiden und zum Fleisch geben.
Wenn das Wasser erneut kocht, eine Handvoll
grobes Salz zugeben, eine Stunde weiterkochen.
Kartoffeln, Möhren und Kürbis grob würfeln,
beifügen und 20 Minuten kochen.
Die Chorizos und den Speck zugeben. Nach
5 Minuten den Topf vom Herd nehmen, Blutwürste, Maiskolben und Kichererbsen unterheben. Auf jedem Teller Fleisch, ein Stück von jeder
Sorte Wurst und den verschiedenen Gemüse-
arten anrichten.
Dazu kreolische Sauce (Seite 133), Olivenöl, Salz,
Pfeffer und auch Senf reichen.

am Vortag beginnen
für 6 Personen

250 g Kichererbsen
1 kg Kalbfleisch aus der Brust
   (mit Knochen aus dem Hals
   oder vom Schwanzstück)
1 kg Markknochen
4 Maiskolben
1 Weißkohl
1 Stange Porree
1 Stange Sellerie mit Blättern
1 Zwiebel
grobes Salz
4 Kartoffeln
3 große Möhren
6 kleine Stücke Kürbis
3 Chorizos
250 g Speck
3 Blutwürste (Morcilla)

Rindersteak
Bife de chorizo

Ein Feuer mit großen Kohlen anzünden. Wenn es keine Flammen mehr bildet und das Grillgitter heiß ist, das Steak darauflegen – so schließt das Fleisch die Poren und bleibt saftig.
Wenn das Fleisch Saft abgibt, leicht salzen. Den Garzeiten entsprechend wenden und erneut salzen.
Mit Pommes frites auf einem Brettchen servieren.

Variante
Auf einer Plancha oder in einer Pfanne mit sehr wenig Fett braten. Die Garzeiten sind ähnlich.

für 1 Person

Steaks werden in Argentinien üblicherweise nicht so gründlich pariert – so haben sie wenigstens auf einer Seite eine Fettschicht.

Garzeiten:
rot: 15 Minuten von jeder Seite
medium: 20 Minuten von jeder Seite
durch: 25 Minuten von jeder Seite
Die Garzeiten sind abhängig von der Dicke des Steaks.

1 Stück aus dem hinteren Ende des flachen Roastbeefs (Sirloin Strip), 4-6 cm dick geschnitten (etwa 750 g)
Öl zum Frittieren

KREOLISCHE STEAKPFANNE
BIFES A LA CRIOLLA

Das Fleisch mit Salz und Pfeffer würzen. Die Kartoffeln schälen und in Scheiben schneiden. Die Paprika halbieren, entkernen, waschen und in Streifen schneiden. Die Zwiebeln in Ringe schneiden.

Den Boden einer größeren Pfanne mit Deckel mit Öl bedecken, nacheinander jeweils die Hälfte der Zwiebeln, der Kartoffeln, des Fleischs und der Paprika schichtweise darauflegen, mit zerbröckeltem Lorbeerblatt, Oregano und Chili würzen, dann die restlichen Zutaten in der gleichen Reihenfolge hineinschichten. Mit Tomatenscheiben abschließen, damit ihr Saft über die übrigen Zutaten fließen kann. Zugedeckt gar kochen, zunächst bei mittlerer, dann bei schwacher Hitze, damit nichts anbrennt. Falls nötig, etwas Brühe zugießen.

8 Steaks aus der Keule (je 100 g)
4 Kartoffeln
2 rote Paprikaschoten
2 Zwiebeln
Öl
2 Tomaten
Lorbeerblätter
Oregano
Chilipulver
Brühe

KARTOFFELPASTETE
PASTEL DE PAPAS

für 6 Personen

4 Tassen Kartoffelpüree
zerlassene Butter
1 TL gehackte Petersilie
geriebener Parmesan
2 Eier
½ Tasse Öl

für die Füllung:
1 rote Paprikaschote
2 Tomaten
1 Zwiebel
1 Knoblauchzehe
2 Tassen Hackfleisch

Das Püree mit Butter, Petersilie, 2 EL Parmesan und Eiern vermischen, mit Salz und Pfeffer würzen.
Für die Füllung die Paprika halbieren, entkernen, waschen und würfeln. Die Tomaten ebenfalls in Würfel schneiden, Zwiebel und Knoblauch hacken.
In einer Pfanne Zwiebel und Paprika anbraten, Knoblauch und Tomaten zugeben und dünsten, bis diese auseinanderfallen. Das Hackfleisch zugeben und braten, bis es Farbe annimmt. Salzen, pfeffern und 5 Minuten ruhen lassen.
Eine Form einölen und die Hälfte des Pürees hineingeben. Das Fleisch darübergeben, mit dem restlichen Püree bedecken und etwas glatt streichen. Mit Parmesan bestreuen und im Ofen goldbraun backen.

Man kann fertiges Kartoffelpüree benutzen und so die Vorbereitungszeit verkürzen.

Maispastete auf kreolische Art
Pastel de choclo a la criolla

Die Tomate würfeln, die Zwiebeln fein hacken.
Die Oliven halbieren, entsteinen und hacken. Die
Petersilie hacken.
In einem Topf 2 EL Öl erhitzen und die Hälfte der
Zwiebeln bräunen. Wenn sie anfangen, Farbe
anzunehmen, Hackfleisch und Tomate zugeben,
alles gut vermischen. Etwas Brühe angießen und
nach Geschmack mit Salz, Pfeffer und Kreuzkümmel würzen. Die Mischung einige Minuten
kochen, dann Rosinen, Oliven und Petersilie
zugeben. Ruhen lassen.
Die Maiskörner pürieren. In einer Pfanne die
restlichen Zwiebeln bräunen und zum Mais
geben. Die Eier mit Mehl aufschlagen und ebenfalls zugeben. Mit Salz, Pfeffer und geriebenem
Muskat würzen.
Eine feuerfeste Form mit Öl einfetten und das
Fleisch hineingeben. Das hart gekochte Ei pellen,
hacken und darüber verteilen. Den Mais darübergeben. Im Ofen goldbraun garen.

Variante
Man kann auch Mais aus der Dose verwenden,
der cremiger wird.

für 6 Personen

1 Tomate
2 kleine Zwiebeln
grüne Oliven
Petersilie
Öl
2 Tassen grobes Hackfleisch
½ Tasse Brühe
Kreuzkümmel
Rosinen
2 Tassen Mais
2 Eier
1 EL Mehl
Muskatnuss
1 hart gekochtes Ei

Kalbsrippchen mit Orangen
Costillas de ternera a la naranja

Zwiebel, Sellerie, Knoblauch, Rosmarin und Thymian hacken, mit Orangensaft und Wein vermischen. Das Rippenstück mindestens zwei Stunden darin marinieren.

Die Paprika halbieren, entkernen, waschen und in Streifen schneiden. Mit dem marinierten Fleisch in einen Bräter legen und mit Öl beträufeln. Im Ofen bei starker Hitze 30 Minuten garen, dabei immer wieder mit dem eigenen Saft begießen. Bei Bedarf Brühe zugießen.

Währenddessen für das Spinatpüree in einem Topf alle Zutaten vermischen, salzen, pfeffern und etwas einkochen.

Beides zusammen heiß servieren.

mindestens 3 Stunden vorher
   beginnen

1 große Zwiebel
2 Stangen Sellerie
2 kleine Knoblauchknollen
Rosmarin
Thymian
3-4 Orangen (Saft)
½ Tasse Weißwein
1 Stück Kalbsrippchen
   (etwa 1.200 g)
1 große rote Paprikaschote
Öl
Gemüsebrühe

für das Spinatpüree:
350 g gedämpfter und
   pürierter Spinat
35 g Butter
⅔ Tasse Sahne
1 leicht gehäufter EL
   geriebener Parmesan

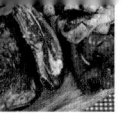

Betrunkene Ente
Pato borracho

Die Ente säubern und waschen, trocken tupfen und in Form binden.

In einer Kasserolle Öl und Butter erhitzen und die Ente von allen Seiten anbraten. Herausnehmen und zur Seite legen.

Die Zwiebeln in Ringe schneiden und mit Knoblauch und Kräutern in dem Fett bräunen. Die Ente wieder in die Kasserolle legen und den Wein angießen. Die Tomaten häuten, halbieren und entkernen. Wenn die Flüssigkeit um die Hälfte reduziert ist, Tomaten und Brühe zugeben, nach Belieben würzen. Alles zugedeckt bei schwacher Hitze 45 Minuten kochen.

Die Ente in eine zweite Kasserolle legen und mit der abgeseihten Sauce übergießen. Weiterkochen, bis das Fleisch zart ist und der Fond sich reduziert hat.

1 Ente
½ Tasse Öl
100 g Butter
2 Zwiebeln
1 Knoblauchzehe
1 Strauß gemischte frische
    Kräuter: Rosmarin, Oregano,
    Lorbeerblatt, Thymian
½ Tasse Weißwein
4 Tomaten
1 Tasse Brühe

HIRSCHRÜCKEN MIT KIRSCHSAUCE
LOMO DE CIERVO CON SALSA DE CEREZAS

Den Speck in feine Streifen schneiden und den Hirschrücken damit spicken, salzen und pfeffern. Möhren und Sellerie in Scheiben, Zwiebeln in Ringe schneiden.

Öl in einen Bräter gießen, Gemüse und Kräuter darin verteilen und den Hirschrücken darauflegen. Den Zitronensaft mit der Butter vermischen und den Hirschrücken damit begießen. Im Ofen bei mittlerer Hitze braten, bis der Hirschrücken beim Einstechen keine Flüssigkeit mehr abgibt. Herausnehmen und warm stellen. Den Bratensaft durch ein Sieb in einen Topf gießen, den Wein zugießen und reduzieren. Die Kirschen zugeben und alles 5 Minuten kochen.

Den Hirschrücken in Scheiben schneiden, mit der Sauce übergießen und das Gemüse dazulegen. Heiß servieren.

für 6 Personen

200 g Speck
1.800 g Hirschrücken
500 g Möhren
2 Stangen Sellerie
4 Zwiebeln
Öl
weiße Pfefferkörner
1 Handvoll Wacholderbeeren
Majoran
Thymian
Rosmarin
2 Zitronen (Saft)
30 g zerlassene Butter
1 Tasse Weißwein
500 g frische Kirschen

OFENGEGRILLTES
ASADO AL HORNO

Das Fleisch waschen, trocken tupfen, mit
Möhren, Speck und Knoblauch spicken. Wenn
nötig, in Form binden. Salzen, pfeffern und in
einen großen Bräter legen.
Die Kartoffeln schälen, je nach Größe halbieren
und im Bräter verteilen. Paprika und Tomaten
als Ganze hineinlegen, die Zwiebeln vierteln
und zugeben. Mit Salz, Oregano und Chilipfeffer
würzen. Lorbeerblätter verteilen und alles mit Öl
beträufeln. Im Ofen bei starker Hitze 20 Minuten
braten. Die Hitze reduzieren und weiterbraten,
bis das Fleisch gar und das Gemüse goldbraun
ist.
Nach der Hälfte der Garzeit 1 Tasse Wasser angießen, um einen saftigen Fond zu erhalten.

2 Stunden vorher beginnen

1 kg Fleisch (etwa aus der
    Ober- oder Unterschale) oder
    1.700 g Fleisch mit Knochen
    (etwa Rippchen)
2 Möhren
Speck
Knoblauchzehen
350 g Kartoffeln
2 große Paprikaschoten
4 Tomaten
2 Zwiebeln
Oregano
Chilipulver
Lorbeerblätter
Öl

Eingelegte Wildschweinkeule
Pierna de jabalí adobada

Die Wildschweinkeule in Form binden, salzen, pfeffern und in eine tiefe Form legen. Die Möhren in Stifte, die Zwiebel in Ringe schneiden. Mit den übrigen Zutaten und ½ Tasse Öl vermischen und das Fleisch mindestens sechs Stunden darin marinieren, am besten über Nacht.
In einer Kasserolle Öl erhitzen und die marinierte Keule von allen Seiten goldbraun anbraten. Die Marinadenflüssigkeit zugießen und die Keule bei schwacher Hitze zwei bis drei Stunden kochen, bis beim Einstechen keine Flüssigkeit mehr austritt.
Für das Püree die Kartoffeln schälen und kochen. Den Kohlkopf vierteln, den Strunk entfernen, den Kohl in Streifen schneiden und in einem zweiten Topf kochen. Die Kartoffeln unter Beigabe von Butter und Milch zu einem Püree verarbeiten. Den Kohl in kleine Stücke schneiden und zugeben. Mit gemahlenem Pfeffer würzen. Die Keule mit dem Püree servieren.

am Vortag beginnen
für 8 Personen

1 Wildschweinkeule
   ohne Knochen
6 Möhren
1 große Zwiebel
½ l Rotwein
Petersilienzweig
Sellerieblätter
Lorbeerblätter
Gewürznelken
Öl

für das Püree:
1 ½ kg Kartoffeln
1 kleiner Kohlkopf
Butter und Milch nach Bedarf

Hungertöter in Milch
Matambre a la leche

Den Bauchlappen etwas vom Fett befreien, auslegen, mit Zitronensaft beträufeln, mit Oregano und Thymian würzen.

Für die Paste die Paprika halbieren, entkernen, waschen und fein würfeln, die Möhren fein hacken. Mit den übrigen Zutaten eine Paste herstellen und das Fleisch damit bestreichen. Aufrollen, die Ränder mit Nadel und Baumwollgarn zunähen und den Bauchlappen mit einem Bindfaden zusammenbinden. In einen tiefen Bräter geben und die Milch zugießen. Im Ofen bei mittlerer Hitze etwa zwei Stunden backen, bis die Milch verdunstet ist.

Heiß oder kalt servieren.

Traditionell serviert man Matambre kalt mit einem russischen Salat, der in Argentinien in der Regel ohne Fleisch oder Fisch zubereitet wird. Im Sommer ein Hauptgericht, kann man ihn aber auch als Vorspeise servieren.

mindestens 2 ½ Stunden vorher
  beginnen
für 6 Personen

1 Bauchlappen von Kalb
  oder Rind (1 ½ kg)
Zitronensaft
Oregano
Thymian
3 l Milch

für die Paste:
1 rote Paprikaschote
2 Möhren
1 Brötchen ohne Kruste,
  in Milch eingeweicht
3 Zitronen (Saft)
30 g zerlassene Butter
2 Eier
2 gehackte Knoblauchzehen
2 TL gehackte Petersilie
Chilipulver

◆

FISCH
PESCADOS

◆

GEBACKENE FORELLEN
TRUCHAS AL HORNO

Forellen und Lachs kommen in den südlichen Seen der Republik Argentinien – Nahuel Huapi, Lenín und Los Alerces – häufig vor. Sie sind Grundzutat einiger der beliebtesten Gerichte der Anwohner, Besucher und Touristen.

Die Paprika im Ofen erhitzen, bis die Haut Blasen schlägt. Herausnehmen, häuten, kalt werden lassen und in feine Streifen schneiden. Die Kartoffeln schälen und würfeln, die Möhren in Stifte schneiden. Beides mit den Bohnen blanchieren. Die Forellen ausnehmen, salzen, pfeffern und in einen mit Butter eingefetteten Bräter legen. Kartoffeln und Gemüse im Bräter verteilen. Mit Champagner und Zitronensaft beträufeln, mit Dill bestreuen. Einige Butterflöckchen auf die Fische setzen.
Mit Aluminiumfolie abdecken und im heißen Ofen garen.

1 kleinere rote Paprikaschote
200 g Kartoffeln
150 g Möhren
200 g grüne Bohnen
4 Forellen
Butter
350 ml Champagner oder Sekt
Zitronensaft
Dill

FISCHFILETS MIT KRÄUTERN
FILETES DE PESCADO A LAS HIERBAS

Die Filets salzen und pfeffern. 50 g Butter mit dem Estragon vermengen und über die Filets verteilen.

Die Filets aufrollen, in eine mit Butter eingefettete feuerfeste Form legen, mit Wein und ½ Tasse Wasser übergießen. Im Ofen bei starker Hitze 20 Minuten garen, dabei immer wieder mit der Flüssigkeit übergießen. Aus dem Ofen nehmen und abkühlen lassen.

Den Fond in einen kleinen Topf geben und die Eigelbe schnell unterrühren. Mehl und Sahne vermischen, zugeben und alles bei schwacher Hitze köcheln, bis die Sauce eindickt. Über die Röllchen geben und heiß servieren.

Dazu schmecken Salzkartoffeln und blanchierte Brokkoli.

4 Fischfilets
Butter
½ TL Estragon
½ Tasse Weißwein
2 Eigelb
1 TL Mehl
70 ml Sahne

Wolfsbarsch à la Reccanati
Róbalo a la reccanati

für 6 Personen

1 Wolfsbarsch (600 g)
  ohne Gräten
1 Zitrone (Saft)
2 gekochte Kartoffeln
1 Tomate
1 Zwiebel
1 Tasse gehackte Petersilie
3 gehackte Knoblauchzehen
2 EL Semmelbrösel
3 EL geriebener Parmesan
Oregano
Olivenöl zum Einfetten

Den Fisch salzen, pfeffern und mit Zitronensaft beträufeln. Kartoffeln und Tomate in Scheiben, die Zwiebel in Ringe schneiden. Die übrigen Zutaten zu einer dicken Masse verrühren.
Eine feuerfeste Form mit Öl einfetten, mit Kartoffeln und Zwiebelringen auslegen. Den Fisch darauflegen und mit der Masse bedecken. Die Tomatenscheiben neben den Fisch legen und alles etwa 35 Minuten backen.
Mit einem grünen Salat servieren.

Seespinne auf Fenchel
Centolla al hinojo

Die Seespinne ist in den Gewässern von Feuerland
verbreitet und liefert eines der geschmackvollsten
Gerichte der südlichen Provinzen.

Das Fleisch aus der Seespinne heraustrennen.
Den Fenchel in Scheiben schneiden.
In einer Kasserolle Butter zerlassen und das
Seespinnenfleisch sautieren. Salzen, pfeffern,
Fenchel und Wein zugeben. Zugedeckt bei
schwacher Hitze 10 Minuten kochen.
Die Sahne zugießen, einmal aufkochen und
direkt servieren. Nach Belieben mit Pfeffer
würzen.

1 große Seespinne
2 Fenchelknollen
10 g Butter
2 Glas Weißwein
200 g Sahne

◆

… UND ANDERE
… Y OTROS

◆

KICHERERBSENFLADEN
FAINÁ

Das Kichererbsenmehl mit etwas Salz vermengen und nach und nach 600 ml Wasser zugießen, bis man einen sehr flüssigen Teig ohne Klumpen erhält. Etwas ruhen lassen. Eine feuerfeste Form, am besten eine Pizzaform, mit Olivenöl einfetten und den Teig hineingeben. Bei 180° C etwa 30 Minuten backen, bis die Oberfläche eine goldbraune Farbe annimmt.

Variante
Üblicherweise wird die Fainá in Argentinien auf die Pizza gelegt und beides wird zusammen gegessen. Wenn man keine Pizza hat, kann man sie selbst mit Mozzarella, Tomatenscheiben und Oregano belegen. Diese Zutaten nach 20 Minuten der Backzeit auf die Fainá geben und weiterbacken, bis sie goldbraun ist.

250 g Kichererbsenmehl
   (in Bioläden erhältlich)
Olivenöl

Chipá Guazú

für 3 Personen

200 g Mozzarella
2 Zwiebeln
6 Eier
2 Dosen Mais
4 EL Sahne

Dieser Mais-Käse-Auflauf stammt ursprünglich aus Paraguay und ist dort eines der traditionellsten Gerichte.

Mozzarella und Zwiebeln fein würfeln. Die Eier trennen.
Den Mais und etwas Dosenflüssigkeit im Mixer kurz vermischen. Käse, Zwiebeln, Sahne und Eigelbe unterrühren, mit Salz und Pfeffer würzen. Das Eiweiß steif schlagen und unterheben. Die Masse in einer gläsernen Backform bei 150° C 30 Minuten backen.
Die Form aus dem Ofen nehmen und den Auflauf servieren.

Agnolotti mit Ricottafüllung
Agnolotti de ricotta

Das Mehl auf eine Arbeitsplatte sieben und eine Mulde hineindrücken. Eier, ½ TL Salz, Öl und Thymian in die Mulde geben und alles mit einer Gabel gut vermischen. Nach und nach das Mehl einarbeiten, anfangs mit einem Küchenspachtel, dann mit den Händen. Vorsichtig 3 EL Wasser zugeben, bis ein Teig entsteht, der nicht an den Händen klebt. 30 Minuten ruhen lassen.

Für die Füllung alle Zutaten mischen, salzen, pfeffern und zur Seite stellen.

Den Teig mit einem Nudelholz oder einer Nudelmaschine papierdünn ausrollen und Kreise von etwa 8 cm Durchmesser ausstechen. In die Mitte 1 TL Füllung geben, die Ränder befeuchten, die Kreise zu einem Halbkreis zusammenklappen und schließen. Dann die Enden miteinander verbinden und zusammendrücken, sodass kleine bauchige Kringel entstehen. In reichlich Salzwasser garen.

Mit einer Sauce nach Belieben und geriebenem Parmesan servieren.

für 6 Personen

400 g Mehl
4 Eier
2 EL Öl
1 TL Thymian

für die Füllung:
500 g Ricotta
2 Eigelb
50 g geriebener Käse
geriebene Muskatnuss

GRÜNE TAGLIATELLE
TALLARINES VERDES

Den Spinat sorgfältig waschen, dämpfen und
gut abgießen. Mit dem Öl, den Eiern und dem
Eigelb pürieren, salzen.
Das Mehl auf eine Arbeitsfläche sieben und
eine Mulde hineindrücken. Die Spinatpaste in
die Mulde geben und nach und nach das Mehl
einarbeiten, anfangs mit einer Gabel, dann mit
den Händen, bis ein fester Teig daraus wird. Bei
Bedarf Wasser zugeben, um mit den Händen
weiterkneten zu können. Eine Kugel formen und
30 Minuten ruhen lassen.
Auf einer bemehlten Fläche dünn ausrollen. Mit
Mehl bestäuben, aufrollen und mit einem scharfen Messer 2 mm breite Streifen abschneiden.
Diese auseinanderrollen und in reichlich Salzwasser kochen.
Mit einer Sauce nach Belieben und geriebenem
Käse servieren.

für 8 Personen

100 g Spinat
1 EL Öl
3 Eier
1 Eigelb
600 g Mehl

Hausgemachte Tagliatelle mit Ei
Tallarines caseros al huevo

Das Mehl auf eine Arbeitsplatte sieben und eine Mulde hineindrücken. Eier, Eigelb, Öl und Salz in die Mulde geben und alles mit einer Gabel gut vermischen. Nach und nach das Mehl einarbeiten, bis ein fester Teig daraus wird. Bei Bedarf Wasser hinzugeben, um mit den Händen weiterkneten zu können. Eine Kugel formen und 30 Minuten ruhen lassen.

Auf einer bemehlten Fläche dünn ausrollen. Mit Mehl bestäuben, aufrollen und mit einem scharfen Messer 2 mm breite Streifen abschneiden. Diese auseinanderrollen und in reichlich Salzwasser kochen.

Mit einer Sauce nach Belieben und geriebenem Käse servieren.

Tipp
Frisch zubereitete Nudeln kann man sechs Monate einfrieren, sollte sie dann aber gefroren ins kochende Wasser geben, damit sie nicht matschig werden.

für 8 Personen

500 g Mehl
3 Eier
1 Eigelb
1 TL Öl

◆

Saucen
Salsas

◆

Einfache und leichte weisse Sauce
Salsa blanca fácil y liviana

In einer Tasse einige EL Milch mit der Maisstärke glatt verrühren. Die restliche Milch erhitzen, kurz bevor sie anfängt zu kochen, Öl und Maisstärke zugeben. Die Hitze auf ein Minimum reduzieren und einige Minuten ständig rühren. Mit geriebenem Muskat, Salz und Pfeffer würzen, den Parmesan zugeben.

Diese Sauce ist leichter und einfacher zuzubereiten als eine Bechamelsauce, es bilden sich keine Klümpchen, und auch die schwer im Magen liegende Butter wird weggelassen. Sie passt zu Fleisch, Gemüse oder Pasta. Soll sie als Bindemittel für verschiedene Füllungen verwendet werden, die Menge der Maisstärke um ½ EL erhöhen.

½ l fettarme oder Vollmilch
1 EL Maisstärke
1 TL Maisöl
Muskatnuss
1 EL geriebener Parmesan

Sizilianische Sauce
Salsa Siciliana

1.400 g frische Tomaten oder
  1 kg aus der Dose
3 Knoblauchzehen
30 ml Öl
Lorbeerblätter
Oregano
Chilipulver

Frische Tomaten häuten, halbieren, entkernen und grob schneiden, Dosentomaten ebenfalls grob zerkleinern. Den Knoblauch hacken.
In einer Pfanne Öl erhitzen, den Knoblauch und ein paar Lorbeerblätter leicht bräunen. Oregano und Chili zugeben, dann die Tomaten. Bei mittlerer Hitze etwa 15 Minuten kochen, erst zum Schluss salzen.

Pesto

10 Blätter Basilikum
5 Knoblauchzehen
50 g geriebener Parmesan
100 ml Olivenöl
Oregano
geriebene Muskatnuss
10 g Walnusskerne

Basilikum und Knoblauch fein hacken und mit dem Parmesan vermischen. Das Öl zugeben, mit Oregano und Muskat würzen, salzen und pfeffern. Nüsse erst unmittelbar vor dem Servieren untermischen, damit sie nicht feucht werden und frisch schmecken.
Man kann die Sauce vorher zubereiten und zugedeckt im Kühlschrank aufbewahren. Bis auf die Nüsse lassen sich die Zutaten mit dem Pürierstab oder im Mixer zerkleinern. Ideal ist es jedoch, einen Mörser zu benutzen.

WÜRZSAUCE HOGAO SOFRITO

Diese Würzsauce ist eine Grundzutat und eignet sich auch hervorragend zum Würzen deutscher Eintöpfe oder als gesunde Sauce über gebratenes Fleisch oder zu Fisch. Es lohnt sich deshalb, gleich eine größere Menge zu kochen und portionsweise einzufrieren.

Die Tomaten häuten, halbieren, entkernen und klein schneiden. Paprika und Chili halbieren, entkernen und waschen, die Paprika in feine Würfel schneiden und diese zerdrücken, die Chili fein hacken. Frühlingszwiebeln und Zwiebeln fein hacken.
Öl erhitzen und alle Zutaten bis auf den Kümmel unter häufigem Rühren mit einem Holzlöffel etwa 20 Minuten andünsten, bis eine glatte, feine Würzsauce entsteht. Mit Salz, Pfeffer und Kümmel abschmecken.

10 reife Tomaten
1 rote oder grüne Paprikaschote
2 milde Chilischoten
6 Frühlingszwiebeln
4 Zwiebeln
3 EL Öl
4 zerdrückte Knoblauchzehen
Safran
zerstoßener Kümmel

Bologneser Sauce
Salsa Bolognesa

2 kleine Möhren
1 kleine Zwiebel
1 Knoblauchzehe
getrocknete Pilze nach
   Geschmack
1 Tasse Weißwein
1.400 g frische Tomaten oder
   1 kg aus der Dose
Öl
Lorbeerblätter
Oregano
Chilipulver
300 g Hackfleisch

Die Möhren grob reiben, Zwiebel und Knoblauch hacken. Die Pilze in der Hälfte des Weins einweichen und in Stücke schneiden. Frische Tomaten häuten, halbieren, entkernen und grob schneiden, Dosentomaten ebenfalls grob zerkleinern. In einer Pfanne Öl erhitzen und die Zwiebel glasig dünsten. Knoblauch, Lorbeerblätter und Möhre zugeben.

Mit Oregano und Chili würzen und mit dem restlichen Wein ablöschen. Etwas einkochen, Pilze und Hackfleisch zugeben und kochen, bis das Fleisch seine Farbe verändert. Die Tomaten zugeben und einkochen, erst zum Schluss salzen.
Die Sauce passt zu allen Nudelsorten.

SCHWARZE SAUCE
SALSA NEGRA

Kurz vor dem Servieren Bologneser Sauce und
Pesto mischen.
Die Sauce ist ideal für Pappardelle oder Fettuc-
cine.

für 2 Portionen Pasta

2 Tassen Bologneser Sauce
   (Seite 183)
2 EL Pesto (Seite 181)

PARMESANSAUCE
SALSA PARMESANA

Das Mehl in der Milch auflösen und dann in
einem Topf erhitzen. Butter und Parmesan zugeben und verrühren, bis die Milch aufkocht, bei
ausgeschalteter Herdplatte noch 2 Minuten auf
dem Herd lassen.
Vom Herd nehmen, die Sahne zugießen und gut
verrühren. Mit Salz, Pfeffer und Muskat würzen
und direkt über die Pasta geben.
Vor dem Servieren mit weiterem Parmesan
bestreuen.

50 g Mehl
450 ml kalte Milch
40 g Butter
70 g geriebener Parmesan
70 ml Sahne
geriebene Muskatnuss

◆

Nachspeisen
Postres

◆

Alfajores von der Küste
Alfajores de la costa

Puderzucker, Butter, Eier und Eigelbe schaumig
rühren. Den Vanilleextrakt zugeben. Die Milch
mit Mehl, Stärke und Backpulver vermischen,
nach und nach zugeben. Kneten, bis der Teig
eine geschmeidige Konsistenz bekommt. Im
Kühlschrank 15 Minuten ruhen lassen.
Den Teig 4 mm dick ausrollen und Kreise von
5 cm Durchmesser ausstechen. Ein Backblech
einfetten, mit Mehl bestäuben und die Teigkreise daraufegen. Im Ofen bei starker Hitze
etwa 8 Minuten backen, dabei nicht braun
werden lassen. Herausnehmen und abkühlen
lassen.
Eine Schicht Milchkaramellcreme auf einen Kreis
streichen und einen zweiten Kreis daraufegen.
Diesen mit Kuvertüre überziehen und die Alfa-
jores auf einem Gitter trocknen lassen, bis die
Schokolade fest geworden ist.
In Aluminiumfolie eingewickelt, ist das Gebäck
etwas länger haltbar.

für 24 Stück

300 g Puderzucker
200 g Butter
3 Eier
2 Eigelb
2 TL Vanilleextrakt
100 ml Milch
400 g Mehl
100 g Maisstärke
2 TL Backpulver
300 g Milchkaramellcreme
   (Seite 207)
300 g Kuvertüre

ALFAJORES AUS CÓRDOBA
ALFAJORES CORDOBESES

für 30 Stück

350 g Mehl
3 TL Hirschhornsalz
6 Eigelb
150 g Zucker
2 TL Backpulver
150 g zerlassene Butter
6 steif geschlagene Eiweiß
½ Tasse Milch
Milchkaramellcreme (Seite 207)
   oder verschiedene
   Marmeladen

Das Mehl und das Hirschhornsalz auf eine Arbeitsfläche geben und eine Mulde hineindrücken. Eigelbe und Zucker schaumig schlagen, Backpulver und Butter zugeben. Die Mischung in die Mulde geben, Eischnee, Milch und etwas Salz beifügen. Nach und nach das Mehl einarbeiten und zu einem Teig verkneten. Ausrollen und Kreise von 5 cm Durchmesser ausstechen. Auf eingefettete Backbleche legen und im Ofen bei starker Hitze kurz backen, sie sollen nicht braun werden. Herausnehmen und abkühlen lassen. Eine Schicht Milchkaramellcreme oder Marmelade auf einen Kreis streichen und einen zweiten Kreis darauflegen. Diesen mit dickflüssigem Zuckersirup glasieren.

Durch das Hirschhornsalz wölbt sich der Teig leicht beim Backen. Wenn man zwei der kleinen Fladen übereinanderlegt, erhält man so einen rundlichen Alfajor. Man kann das Hirschhornsalz auch weglassen.

Alfajores aus Santiago
Alfajores Santiagueños

Das Mehl auf eine Arbeitsfläche sieben und eine Mulde hineindrücken. Eigelbe, Alkohol und Anis in die Mulde geben und vorsichtig mit dem Mehl vermengen. Nach und nach den Rindertalg zugeben und alles gut verkneten, bis ein geschmeidiger Teig entsteht. 20 Minuten ruhen lassen.

Den Teig dritteln und die drei Teile zu dünnen Kreisen ausrollen, die den gleichen Durchmesser haben. Auf ein Blech legen und im Ofen bei starker Hitze backen. Herausnehmen und abkühlen lassen.

Eine Schicht Milchkaramellcreme auf einen Kreis streichen und einen zweiten Kreis darauflegen. Diesen ebenfalls mit Creme bestreichen und einen dritten Kreis darauflegen.

Für den Guss in einem Topf den Zucker mit Wasser bedecken und einen Sirup kochen. Zur Probe einen Tropfen Sirup in kaltes Wasser fallen lassen und wieder herausfischen – er sollte sich zu einer Kugel formen lassen. Abkühlen lassen. Das Eiweiß mit dem Zitronensaft aufschlagen, gut mit dem Sirup vermischen und das Gebäck damit glasieren.

für 8 Personen

200 g Mehl
6 Eigelb
2 TL reiner Alkohol oder
    klarer Schnaps
1 TL Anissamen
20 g Rindertalg (Seite 66)
300 g Milchkaramellcreme
    (Seite 207)

für den Guss:
250 g Zucker
1 Eiweiß
Zitronensaft

Alfajores aus Santa Fé
Alfajores Santafecinos

Das Mehl auf eine Arbeitsfläche sieben und eine Mulde hineindrücken. Eigelbe, 1 Tasse Wasser, etwas Salz, Anislikör und Zucker hineingeben. Diese Zutaten miteinander vermischen, nach und nach das Mehl einarbeiten. Zum Schluss die zerbröckelte Hefe und die Butter mit verkneten und alles zu einem geschmeidigen Teig verarbeiten. 30 Minuten ruhen lassen.

Ausrollen und Kreise der gewünschten Größe ausschneiden. Auf eingefettete Backbleche legen und im Ofen bei starker Hitze backen, nicht braun werden lassen. Herausnehmen und abkühlen lassen.

Eine Schicht Milchkaramellcreme auf einen Kreis streichen und einen zweiten Kreis darauflegen. Für den Guss den Puderzucker in eine Schüssel geben, Zitronensaft und 1 Tasse Wasser langsam zugeben, bis ein dickflüssiger Guss entsteht. Zur Probe einen Tropfen Sirup auf einen schräg gehaltenen Teller fallen lassen – er sollte nur langsam weiterfließen. Das Gebäck mit dem Guss glasieren.

für 24 Stück

500 g Mehl
3 Eigelb
1 EL Anislikör
2 EL Zucker
50 g Hefe
50 g zerlassene Butter
300 g Milchkaramellcreme
(Seite 207)

für den Guss:
500 g Puderzucker
1 TL Zitronensaft

ÄPFEL IM AUSBACKTEIG
BUÑUELOS DE MANZANA

In einer Schüssel das Mehl mit Backpulver und etwas Salz vermengen. Die Eier trennen. 3 EL Zucker, Eigelbe und Milch zugeben und gut verrühren. Eiweiß steif schlagen und unterheben. Die Äpfel in Scheiben schneiden und unterheben. Löffelweise in heißem Öl frittieren.
Gut abtropfen lassen und mit Zucker bestäuben.

für 25 Stück

350 g Mehl
1 TL Backpulver
3 Eier
Zucker
½ Tasse Milch
2 Äpfel
Öl zum Frittieren

WALISISCHE TORTE
TORTA GALESA

200 g brauner Zucker
200 g Sultaninen
1 EL Honig
200 g Butter
300 g feines Weizenmehl
2 TL Natron
75 g fein gehackte Nüsse
250 g kandierte Früchte
   (Art nach Belieben)
½ Gläschen Likör
   (Geschmack nach Belieben)

Das Rezept für diese Torte wurde 1850 von walisischen Einwanderern in die Täler des Flusses Chubut gebracht und eroberte von hier aus schnell die gesamte Gebirgsregion der Provinz. Von den zahlreichen Varianten des Rezeptes ist die hier aufgeführte wohl die bekannteste.

Zucker, Sultaninen und Honig mit ¼ l Wasser 5 Minuten kochen, abkühlen lassen.

Mit weicher Butter gleichmäßig verrühren. Das Mehl mit Natron gut vermischen und über die Mischung sieben. Nüsse, kandierte Früchte und Likör unterziehen. Den Teig in eine gut eingefettete und mit Mehl bestäubte Napfkuchenform füllen und im Ofen bei 180° C eine Stunde backen.

Eierpudding mit Milchkaramellcreme
Flan de dulce de leche

Die Milch erwärmen und 100 g Zucker darin auflösen. Die Eier mit der Milchkaramellcreme und
der Vanille verschlagen und zugießen.
Den restlichen Zucker in eine längliche feuerfeste Puddingform (1 ½ l) geben und karamellisieren – oder in einem Topf karamellisieren und
dann in die Form gießen. Die Puddingmischung
darübergießen.
Im Wasserbad im Ofen oder im Topf kochen, bis
der Pudding stockt. Abkühlen lassen und stürzen.
Mit frischem Obst servieren.

für 6 Personen

½ l Milch
200 g Zucker
7 Eier
150 g Milchkaramellcreme
    (Seite 207)
1 TL Vanilleessenz

KÜRBISSÜSSIGKEIT
DULCE DE CALABAZA

am Vortag beginnen

1 großer Kürbis
1 Zitrone (Saft)
Zucker

Den Kürbis schälen und in 7 cm große Stücke schneiden. In einer Schüssel in Wasser und Zitronensaft über Nacht einweichen.
Am nächsten Tag die Kürbisstücke herausnehmen und drei- oder viermal in klarem Wasser waschen. In eine große Pfanne geben, mit warmem Wasser bedecken und 5 Minuten kochen. Herausnehmen, zweimal in klarem Wasser waschen und trocknen lassen.
Jedes Kürbisstück mehrfach mit einer Gabel einstechen. Den Kürbis wiegen und mit Zucker im selben Gewicht in einer feuerfesten Form bedecken, mit Wasser befeuchten. Im Ofen bei größter Hitze drei Stunden backen.
Herausnehmen und auf Wachspapier trocknen lassen.

ZITRONENSCHNITTCHEN MIT BAISER
DELICIAS DE LIMÓN

Butter und Puderzucker cremig rühren. Das Ei und die Eigelbe einzeln unterrühren, Backpulver, Vanille und Zitronenschale zugeben. Nach und nach abwechselnd Mehl und Wein unterrühren. Eine Form (25 x 25 cm) einfetten und mit Mehl bestäuben. Die Masse hineingeben und mit Pfirsichmarmelade bestreichen.

Für das Baiser das Eiweiß mit dem Zucker steif schlagen. Auf die Masse geben, noch einmal vorsichtig mit Pfirsichmarmelade bestreichen. Im Ofen bei mittlerer Hitze etwa 45 Minuten backen.

Abkühlen lassen und in quadratische Stückchen schneiden. Mit Puderzucker bestäuben.

für 6 Personen

100 g Butter
120 g Puderzucker
1 Ei
2 Eigelb
2 TL Backpulver
1 TL Vanille
1 ungespritzte Zitrone
  (abgeriebene Schale)
200 g Mehl
6 EL Dessertwein
Pfirsichmarmelade

für die Baiserhaube:
2 Eiweiß
200 g Zucker

Neapolitanischer Eierpudding
Flan Napolitano

In einer feuerfesten Form (10 x 20 cm) 50 g
Zucker karamellisieren und abkühlen lassen.
Die Milch mit dem restlichen Zucker erwärmen.
Eier, Käse und Vanille im Mixer vermischen. Die
lauwarme Milch zugießen, verrühren und in die
Form gießen. Mit Aluminiumfolie abdecken. Im
Wasserbad im Ofen bei mittlerer Hitze 45 bis
60 Minuten stocken lassen. Abkühlen lassen
und stürzen.
Mit Süßkartöffelchen in Sirup (Seite 206)
oder mit hausgemachter Milchkaramellcreme
(Seite 207) servieren.

für 6 Personen

150 g Zucker
½ l Milch
4 Eier
100 g Rahmkäse oder Ricotta
1 EL Vanille

Früchte in Weinsirup
Frutas en almíbar de vino

Die Früchte in Scheiben schneiden.
Den Wein mit Zucker und Gewürzen 5 Minuten
kochen. Früchte sowie Rosinen zugeben und
weiterkochen, bis die Früchte weich sind.
Warm mit Schlagsahne servieren.

für 6 Personen

2 Pfirsiche
2 Birnen
1 Tasse Rotwein
½ Tasse Zucker
1 Zimtstange
1 Gewürznelke
1 EL Rosinen

KÜRBISFLADEN AUS SAN LUÍS
SOPAIPILLAS DE SAN LUÍS

für 35 Stück

1 Kürbis
30 g zerlassene Butter
Zucker
1 kleine Tasse Milch
400 g Mehl
Öl zum Frittieren

Den Kürbis im Ofen bei mittlerer Hitze backen – ein Kürbis von 4 kg benötigt etwa eine Stunde. Er ist gar, wenn er weich ist. 300 g Fruchtfleisch herauslösen und in einer Schüssel zu Püree zerdrücken. Butter, 3 EL Zucker, Milch und ½ TL Salz untermischen. Das Mehl portionsweise zugeben und zu einem Teig verkneten, der nicht an den Händen klebt. Wenn nötig, weiteres Mehl zugeben. Mit einem Küchentuch zugedeckt 10 Minuten ruhen lassen.

Den Teig etwa 1 cm dick ausrollen und Fladen von 5 cm Durchmesser ausstechen. Mit der Gabel einstechen und von beiden Seiten frittieren. Gut abtropfen lassen und mit Zucker bestreut servieren.

Mousse au Chocolat
Mousse de chocolate

Die Eier trennen. Die Eigelbe mit dem Zucker
schlagen, bis eine Creme entsteht.
Die Schokolade mit Butter im Wasserbad
schmelzen. Gut vermischen und die Eigelbcreme
unterrühren.
Eiweiß steif schlagen und vorsichtig unterheben.
Die geschlagene Sahne mit dem Puderzucker
mischen und ebenfalls unter die Masse heben.
In Portionsschalen aufteilen, kalt stellen und mit
Kirschen garnieren.

3 Eier
50 g Zucker
100 g Bitterschokolade
50 g Butter
100 g Sahne
25 g Puderzucker
Kirschen zum Garnieren

ERDBEERMOUSSE
MOUSSE DE FRUTILLAS

250 g Erdbeeren
½ TL Gelatine
2 Eiweiß
60 g Zucker
¼ l Sahne
frische Minzblätter

Einige Erdbeeren für die Garnierung zur Seite legen, die übrigen pürieren. Die aufgelöste Gelatine zugeben. Das Eiweiß mit dem Zucker steif schlagen und vorsichtig unterheben. Die geschlagene Sahne ebenfalls unterheben. In Portionsschalen füllen und kalt stellen. Jeweils mit Sahnehäubchen, einer Erdbeere und einem Minzeblatt garnieren.

Variante
Man kann die Mousse auch mit Mangos zubereiten.

MAISPFANNKUCHEN AUS CUYO
TORTITAS CUYANAS

½ l Wasser aufkochen und die Polenta zubereiten. Den Zucker zugeben und unter Rühren
einige Sekunden kochen.
In einer Schüssel Mehl, Eier, Zitronenschale,
Milch und Butter mischen. Zur Polenta geben,
gut zu einem Teig verrühren und 15 Minuten
ruhen lassen.
Wie Pfannkuchen in Butter braten.
Mit Honig übergießen und warm servieren.

für 6 Personen

3 EL Instant-Polenta
3 EL Mascobado- oder
   Vollrohrzucker
½ Tasse Mehl
3 Eier
1 ungespritzte Zitrone
   (abgeriebene Schale)
1 Tasse Milch
40 g zerlassene Butter
Honig

MILCHREIS
ARROZ CON LECHE

100 g Reis
400 ml Milch
⅓ Vanillestange oder
    1 TL Vanilleessenz
abgeriebene Zitronenschale
70 g Zucker
gemahlener Zimt
Rosinen

Den Reis waschen und in einem Topf in der Milch 30 Minuten einweichen.
Den Topf auf den Herd stellen und erhitzen, Vanillestange und Zitronenschale zugeben (Vanilleessenz wird erst zum Schluss beigefügt). Unter ständigem Rühren 15 Minuten kochen. Den Zucker zugeben und den Reis garen. Sollte er zu trocken sein, noch etwas heiße Milch zugießen.
Zitronenschale und Vanillestange entfernen. Den Reis in eine Schüssel oder in Portionsschalen füllen, mit Zimt und Rosinen bestreuen.

BROTPUDDING
BUDÍN DE PAN

100 g Zucker karamellisieren. In eine feuerfeste
Form (20 x 20 cm) gießen und abkühlen lassen.
Das Brot in Scheiben schneiden und darüber-
legen. Die Milch mit 100 g Zucker, Vanille und
Zitronenschale vermischen und über das Brot
gießen. Die Eier mit dem restlichen Zucker auf-
schlagen und ebenfalls über das Brot gießen.
Gut durchweichen lassen.

Die Äpfel in feine Scheiben schneiden, über die
Brotmasse verteilen, mit 1 EL Zucker und Zimt
bestreuen. Im Wasserbad im Ofen bei mittlerer
Hitze etwa 35 Minuten backen, bis die Masse
stockt.

Warm oder kalt mit Schlagsahne oder Vanilleeis
servieren.

Variante
Der klassische Brotpudding verzichtet auf die
Apfelschicht, stattdessen kann man Rosinen
zugeben. Man kann die Brotmasse auch in einer
Schüssel zubereiten, das Brot dabei mit einer
Gabel zerkleinern und gut mit den anderen Zuta-
ten vermischen.

für 6 Personen

300 g Zucker
2 Weißbrote (auch vom Vortag)
  ohne Kruste
½ l lauwarme Milch
1 EL Vanille
1 ungespritzte Zitrone
  (abgeriebene Schale)
4 Eier
2 Äpfel
1 EL gemahlener Zimt

Süsskartöffelchen in Sirup
Batatitas en almíbar

½ l Wasser mit Zitronensaft und Zimtstange
zum Kochen bringen – der Zitronensaft soll ver-
hindern, dass die Süßkartoffeln beim Kochen
schwarz werden.
Die Süßkartoffeln schälen, in 3 cm große Würfel
schneiden und ins kochende Wasser geben.
Vom Herd nehmen, wenn sie al dente sind – sie
sollen nicht zu weich werden.
In einem zweiten Topf den Zucker mit Wasser
bedecken und kochen, bis sich der Zucker
zunächst auflöst und der entstehende Sirup
dann leicht seine Konsistenz verändert. Für eine
Probe einen Tropfen Sirup zwischen zwei Fingern
auseinanderziehen – er sollte einen dünnen
Faden spinnen, der leicht reißt.
Die Süßkartoffeln abgießen und im Sirup fertig
garen.

Zitronensaft
½ Zimtstange
500 g möglichst
    kleine Süßkartoffeln
250 g Zucker

MILCHKARAMELLCREME
DULCE DE LECHE

für 500 Gramm

250 g Zucker
1 l Vollmilch
½ Vanillestange oder
   Vanilleessenz

In einer Kasserolle 4 EL Zucker dunkelbraun
schmelzen, um der Creme Farbe zu geben. Die
Milch, den restlichen Zucker und die Vanille in
die Kasserolle geben und zum Kochen bringen.
Bei schwacher Hitze etwa eine Stunde köcheln.
Wenn die Creme einzudicken beginnt, zur Probe
einen Tropfen auf einen Teller geben: Wenn
dieser nicht verläuft, ist die Creme fertig.

ORANGENPUDDING
FLAN DE NARANJA

für 8 Personen

360 g Zucker
360 ml Orangensaft
2 Tassen Milch
2 ungespritzte Zitronen
   (abgeriebene Schale)
4 Eier
4 Eigelb
½-1 Orange
frische Minzeblätter
Kirschen zum Garnieren

240 g Zucker karamellisieren und 8 EL Orangensaft zugeben, um ihn wieder aufzulösen. In eine
feuerfeste Form mit ½ l Fassungsvermögen oder
in Portionsformen geben.
Die Milch mit 60 g Zucker erwärmen, Zitronenschale zugeben. Eier und Eigelbe schaumig
schlagen, den restlichen Orangensaft dazugießen und mischen. Zur Milch geben, alles gut
verrühren und in die Form geben.
Im Wasserbad im Ofen bei 150° C etwa 35 Minuten stocken lassen. Abkühlen lassen und stürzen.
Den restlichen Zucker karamellisieren und einige
Orangenschnitze damit überziehen. Den Pudding damit, mit Minzeblättern und mit Kirschen
garnieren.

MARTÍN FIERRO

Diese Süßspeise ist nach dem Gaucho Martín Fierro benannt, der Hauptfigur des gleichnamigen epischen Gedichts von José Hernández (1872), das als argentinisches Nationalepos gilt.

Die Sahne schlagen, mit dem Vanilleeis vermischen und in 4 Portionsschüsselchen füllen. Bis 5 Minuten vor dem Servieren ins Tiefkühlfach stellen.

Die Erdbeeren mit Zucker bestreuen und nicht länger als eine Stunde ziehen lassen. Mit Brandy flambieren und über das Eis geben. Mit Minzeblättern garnieren.

200 g Sahne
200 g Vanilleeis
400 g Erdbeeren
Zucker
Brandy
frische Minzeblätter

Mate mit Beilagen
El mate y sus acompañamientos

Yerba mate ist eine Pflanze aus dem Nordosten Argentiniens, die wild an den Ufern des Paraná wuchs. Sie wird zu einer Art Tee verarbeitet, der alles begleitet, was im Leben der Argentinier von Bedeutung ist. Ob mit Zucker oder bitter, mit Orangenschalen oder mit Milch, ob kalt, heiß, stark oder wie auch immer, er wird zu jeder Tageszeit gerne getrunken.

Man benötigt dafür ein Trinkgefäß (mate), das oft aus einem ausgehöhlten, getrockneten und verzierten Kürbis besteht, aber auch aus Holz oder Emaille bestehen kann, und einen metallenen Trinkhalm (bombilla), der am unteren Ende mit einer Siebvorrichtung versehen ist. Man füllt das Trinkgefäß etwa zur Hälfte mit den getrockneten Blättern des Matebaums und schüttelt es ein wenig, sodass die groben und die feinen Teilchen sich trennen und an der Innenwand sammeln. Dann gießt man Wasser dazu – wichtig ist, dass es eine Temperatur von 70 bis 90° C und nicht gekocht hat (man kann es in einer Thermosflasche warm halten). Nachdem das Kraut ein wenig gequollen ist, kann man die bombilla schräg hineinstellen und etwas in die Blätter hineindrücken, danach aber nicht wieder bewegen. Wer möchte, kann seinen Mate süß trinken und Zucker zugeben, dabei aber nicht umrühren, damit der Trinkhalm nicht verstopft. Es ist immer eine Person, die mit dem Brauen des Mate betraut wird und die Anwesenden reihum versorgt. Jeder trinkt den Mate vollständig aus und gibt das Gefäß dem Verantwortlichen zurück.

KRAPFEN
TORTAS FRITAS ESPECIALES

Das mit dem Backpulver vermischte Mehl auf eine Arbeitsfläche sieben und eine Mulde hineindrücken. Eier, Wein und Zucker in die Mulde geben und mit dem Mehl verkneten, bis ein glatter Teig entsteht. 15 Minuten ruhen lassen. Den Teig dünn ausrollen, in 3 mal 12 cm große Streifen ausschneiden und in der Mitte zu Schleifen zusammendrücken.
In nicht zu heißem Öl von beiden Seiten goldbraun braten. Abtropfen lassen und in lauwarmen Honig tauchen.

Traditionell werden Krapfen zu runden Fladen geformt, die in der Mitte eingeschnitten werden, damit beim Ausbacken ein Loch entsteht.

für 25 Stück

300 g Mehl
1 TL Backpulver
2 Eier
3 EL Dessertwein
3 EL Zucker
Öl
Honig

Kleine Fettbiskuits
Bizcochitos de grasa

250 g Mehl
100 g Butter
1 TL Trockenhefe

Mehl und Butter im Mixer vermischen, bis keine Krümel mehr erkennbar sind.

Die Hefe und 1 TL Salz in 60 ml lauwarmem Wasser auflösen. Die Mehlmischung zugeben und kneten, bis ein geschmeidiger Teig entsteht. Eine Kugel formen und zugedeckt eine Stunde gehen lassen.

Auf einer bemehlten Arbeitsfläche ausrollen und einmal zusammenfalten. Dies noch zweimal wiederholen. Den Teig 2 mm dick ausrollen, überall mit einer Gabel einstechen und Kreise von 4 cm Durchmesser ausstechen. Auf einem Backblech noch etwas gehen lassen und bei starker Hitze 10 Minuten backen.

Variante
In klassischen Rezepten wird statt der Butter Schmalz oder Talg verwendet.

Rezeptregister

Stichwortregister

Die *kursiven* Seitenangaben verweisen auf Texte, die den Begriff
erläutern, die übrigen auf Rezepte, in denen diese Zutat eine
wichtige Rolle spielt.

In der Reihe »**Gerichte und ihre Geschichte**« erschienen:

*Die Bücher sind mit Farbtafeln ausgestattet,
fest gebunden und kosten jeweils 16,90 €.*

Stand 2010